La mujer
sacerdotal

o el sacerdocio del corazón

Grupo Editorial Lumen

Buenos Aires - México

Colección **Caminos interiores**

Título original:
La femme sacerdotale ou le sacerdoce du coeur.
© 1992, Editions des Béatitudes, Francia.

Traducción: Daniel Bassini

Croissant, Jo
    La mujer sacerdotal o el sacerdocio del corazón. – 1ª ed. –
Buenos Aires : Lumen, 2004.
    160 p. ; 22x15 cm.- (Caminos interiores)

    Traducción de: Daniel Bassini

    ISBN 987-00-0411-3

    1. Espiritualidad I. Título
    CDD 291.4

© Editorial Distribuidora Lumen SRL, 2004.

Grupo Editorial Lumen
Viamonte 1674, (C1055ABF) Buenos Aires, República Argentina
4373-1414 (líneas rotativas) • Fax (54-11) 4375-0453
E-mail: editorial@lumen.com.ar
http://www.lumen.com.ar

A Efraín, a quien le debo el haber descubierto toda la belleza de la vocación de la mujer.

A mis hermanas de la comunidad, tanto consagradas como casadas.

A mis amigas.

Este libro es el fruto de todo lo que han compartido conmigo de sus sufrimientos y alegrías.

A todas las mujeres en busca de un sentido para sus vidas.

Quiero agradecer particularmente a Inés por su valiosa ayuda para dar forma definitiva a esta obra.

A modo de prolegómeno

Monseñor Roque Puyelli

Había una vez un matrimonio que tenía cuatro hijos varones legítimos y tres hijas adoptadas. Cuando se les preguntaba por qué razón, siendo un hogar de humilde condición, las habían adoptado, respondían: "Porque hemos querido que nuestros hijos varones conozcan a la mujer, la respeten y la protejan."

Es precisamente el hijo mayor de esa familia quien, con tal conocimiento de causa y con cincuenta años de sacerdote, se atreve a parafrasear el presente libro en esta edición en castellano.

Si nos retrotraemos al 15 de agosto de 1988 cuando, en ocasión del Año Mariano, Juan Pablo II lanzaba su Carta Apostólica *Mulieris dignitatem*, sobre la dignidad y vocación de la mujer, encontramos en este libro la mejor respuesta al planteo que lanzara el Santo Padre al afirmar. "Si el hombre es confiado de modo particular por Dios a la mujer, ¿no significa esto tal vez que Cristo espera de ella la realización de aquel Sacerdocio real (1 Pedro 2, 9) que es la riqueza dada por Él a los hombres? De ahí el atinado título del libro *La mujer sacerdotal o el sacerdocio del corazón*.

Su autora, Jo Croissant, parte de un concepto elogioso para la mujer al afirmar que ella vive con más intensidad el don del amor por ser "la primera testigo o víctima". Sin embargo no calla la triste realidad de los extremos viciosos y erróneos tanto de la mujer esclava como de la mujer emancipada; asimismo hace referencia a los conceptos equivocados de una sociedad andrógina en contraposición al mal entendido sexo débil. Ésa es la razón por la cual el Concilio Vaticano II clamó: "Ha llegado la hora en que la vocación de la mujer se cumpla en plenitud."

Merecen ser destacados los testimonios de casos que ayudan a la autora a reafirmar sus argumentos, para llegar a la conclusión sobre el cambio o transformación que se opera en la mujer cuando se deja transformar por Dios con miras a la santificación personal y de cuantos la rodean.

Bien vale la pena robar a la autora unas expresiones que sintetizan maravillosamente todo el contenido del libro:

"Hay entre la mujer y Dios como una connivencia, una complicidad. Ella participa en el nacimiento del hombre, en el nacimiento de la humanidad, uniéndose a Dios. Por el 'Sí' de María, la salvación entró en el mundo. Por el 'Sí' de la mujer, el mundo será salvado. Ella precede al hombre en la comprensión de los misterios divinos, y por la recepción del Verbo, da a luz al Reino. Ella muestra el camino. Por eso, por su misión específica *en el plan de Dios, la mujer debe cambiar primero.*

Existe en un convento una imagen de la Virgen sin las manos, mutiladas por un bombardeo. Cuenta la leyenda que María concedía muchos favores cuando la imagen estaba entera; ellos terminaron cuando quedó sin manos para elevarlas a Dios pidiendo por sus hijos de la tierra.

Sigue diciendo la leyenda que los milagros volverían si una mujer se arrodillara ante la imagen y le dijera a María: 'Madre, aquí tienes mis manos para que sustituyan a las tuyas, porque están limpias, suaves e incontaminadas...'"

Quiera Dios que de la lectura de este libro surjan nobles y virtuosas mujeres cuyas almas aspiren a las alturas, cuyos ojos miren más allá de la materia y cuyas manos —parafraseando a Jo Croissant en su epílogo— contribuyan a alcanzar el pleno desarrollo y la fecundidad a que Dios las llamó.

Buenos Aires, 2003

Palabras de la autora para la edición en castellano

Me llena de alegría la aparición de *La mujer sacerdotal* en América del Sur. Al escribirlo, nunca sospeché que sería traducido a más de veinte idiomas y que sería bien aceptado por las mujeres del mundo entero. Me asombra recibir todavía testimonios de mujeres para quienes la lectura de este libro ha sido la revelación de su femineidad, haciéndolas sentirse comprendidas en lo que estaban viviendo sin saber cómo expresarlo y que las hizo cambiar profundamente. Tuve la oportunidad de dar conferencias y reunirme con mujeres de todas las clases y de culturas diferentes. Ya fuera en África, Canadá, Perú, Australia, Rusia, Alemania, Bélgica, Italia, Francia, descubrí la misma sed, el mismo deseo de profundizar su identidad, de comprender el sentido de su vocación y de su misión.

En nuestro mundo que parece haber perdido el rumbo, donde el sentido de la eficacia y del éxito es más importante que los valores humanos y espirituales, en esta grave crisis que atraviesa la familia, estoy más convencida que nunca que la mujer tiene un rol determinante. La mujer del tercer milenio tiene que convertirse en la "mujer fuerte " de la Biblia para colaborar con el hombre en la salvaguarda de la humanidad... Pero puede hacerlo sólo si se vuelve resueltamente hacia Dios, si comprende que su verdadera liberación no se realiza respecto del hombre sino en relación con Dios. Es en su íntima unión con Dios que puede recibir la fuerza necesaria para hacer frente a todos los desafíos que hoy la enfrentan. El mundo ha cambiado tanto que no se puede volver atrás con demandas nostálgicas del pasado. Son las mujeres de hoy las que deben trazar el camino nuevo para las del futuro, aprender a situarse frente al hombre no en una actitud servil, ni en una sumisión infantil nacida del temor, ni en una actitud reaccionaria de rechazo y oposición. Lejos de conformarse a valores masculinos para hacerse aceptar, la mujer debe redescubrir el tesoro de su femineidad y volver a ser para el hombre un *"vis à vis"*, tratando de captar atentamente lo que ella es y lo que es el hombre, en un diálogo de igual a igual que les permita vivir en la sumisión mutua del Temor de Dios.

Cuando escribí este libro no era necesario aventurarse a hablar de diferencias entre el hombre y la mujer. Hoy las librerías desbordan de *best sellers* sobre este tema para explicarnos con muchos ejemplos por qué no reaccionamos del mismo modo.

Debemos reanimar este desafío: que el hombre y la mujer se reconcilien con su propia identidad para poder entregarse mutuamente como un don de Dios y juntos construir hogares de amor para que nuestros hijos puedan crecer en paz y vivir en alegría.

La aventura es apasionante, incluso sabiendo que habrá muchos obstáculos que sortear. Comienza en el corazón de la mujer quien como María acepta decir "sí " a Dios y se deja revestir del poder del Espíritu Santo para volverse "instrumento en las manos del Altísimo".

No sabemos cómo se realizará esto, pero como María queremos creer que "con la ayuda de Dios nada es imposible".

Jo Croissant, octubre de 2003

Prefacio a la edición francesa

Una mirada tranquila y penetrante sobre la mujer y su misión, lo que nos propone Jo Croissant, es una de las urgencias de nuestro tiempo. Es verdad que, en la medida en que la mujer encuentre, o reencuentre, su vocación más profunda, no sólo la familia, la sociedad, la Iglesia, sino toda la humanidad será pacificada y renovada. Por el contrario, cuando la mujer no es reconocida o es despreciada, se profundizan las heridas del mundo.

¿Por qué es difícil hablar de la mujer?

Porque cuando abordamos la misión de la mujer y su identidad, tratamos no sólo del misterio de la humanidad, varón y mujer, sino también del misterio de Dios que los hizo a su imagen. La vocación de la Iglesia y de todo hombre es ir al encuentro de Dios, en respuesta al don que Él nos ha hecho de Sí mismo, de su vida, de su amor. Todo el plan de Dios para la humanidad es una invitación a la Alianza con Él, a compartir su vida feliz. Una palabra de la Escritura resume este extraordinario llamado de Dios al hombre: *"Aquí estoy"* (Is 52, 6; 58, 9; 65, 1), y la respuesta del hombre a su Dios debería ser también: *"Aquí estoy"* (1 S 3, 4-8; Hch 9, 10). Esta respuesta de la humanidad es acorde con su vocación esponsal, por lo tanto de tipo fundamentalmente femenino. La mujer revela y testimonia la profundidad de esta alteridad, como un "cara a cara" de la criatura frente a su Creador (cf. Gn 2, 18). "Esta femineidad es una cualidad del ser profundo y universal, es una cualidad inmanente, fundamental y dinámica, orientada totalmente hacia su Creador que la hizo para Sí. Así, aunque sea pronunciado por una mujer o por un varón, el *aquí estoy* bíblico se enraíza primero en la femineidad fundamental del ser creado."[1]

---

[1] Yves Fauquet, *Aquí estoy* en la Biblia, (inédito).

¿Por qué sigue siendo difícil hablar de la mujer?

No solamente porque de ello depende la relación con Dios, sino porque también depende de esto la naturaleza de la persona humana, de la vocación del varón y de la mujer, de la sociedad, de la familia, de la cultura, del trabajo y de la economía, de la biología y de la ecología, y por último de la vida eterna. Como lo constata Jo Croissant con mucha lucidez y delicadeza, las mujeres, más que nunca, sufren porque su identidad es desconocida y desfigurada. Hay una inseguridad profunda en la mujer; precisamente porque no sabe quién es, le dan de ella misma una imagen falsa, y busca, fuera de su femineidad, la reivindicación de su dignidad y singularidad. Recíprocamente, el varón no puede descubrir plenamente su vocación, su personalidad, si no encuentra en la mujer su *"ayuda adecuada"*, tan diferente y próxima a la vez, de la que habla Gn 2, 18. Ella lo introduce, por su mirada sobre él y por el diálogo, a su propia personalidad de varón, lo abre a su vocación, lo sostiene en su acción. Pero esto es posible sólo si la mujer, también, acepta su diferencia con el varón, acepta ser su igual, su "cara a cara", no en una masculinidad prestada, sino en su femineidad propia e irremplazable.

¡Punto sensible la femineidad! Porque la humanidad, quiérase o no, ha sido herida por el pecado y esta herida, con todas sus consecuencias, tiene en su raíz el rechazo a la dependencia. La naturaleza humana rechazó depender en su existencia, su vida, su desarrollo, de otras personas o realidades exteriores. Sea de Dios, de la sociedad, de un cónyuge o de parientes, de leyes de la naturaleza o de exigencias del ambiente, no queremos depender, sino hacer lo que nos gusta, de manera que el hombre llega a ser prisionero de sí mismo, de sus límites y de su caprichos. Pero Dios ha creado al hombre por amor y no deja de darle, por amor, *"la vida, el aliento y todas las cosas"* (Hch 17, 25). Por consecuencia, el hombre no puede encontrar su plenitud si no es en el amor, es decir, en el don de sí mismo, en la respuesta libre al don que Dios le hace de Sí mismo.

Este misterio del don o del encierro en sí mismo, la mujer lo vive con más intensidad que el varón, es ella el primer testigo o víctima. Así, "la mujer es para todos la evocación de nuestra 'condición', en el sentido de nuestra situación delante de Dios".[2]

Y cuando hablamos del don en la mujer, tocamos un punto delicado, porque decir don es decir dependencia, olvido de uno mismo, entrega, oblación. Por su disposición al amor, al don de ella misma, la mujer debería ser el recuerdo incesante para la humanidad de su vocación a responder al amor de Dios.

Por la ofrenda de uno mismo, se realiza de la mejor manera el misterio de la caridad, comunión en el amor entre Dios y los hombres. La perfección y la plenitud de esta ofrenda se llama santidad, que es la vocación de todo bautizado, como nos lo recuerda el Concilio. Toda la estructura sacramental de la Iglesia está ordenada al llamado universal a la santidad. Santidad por la que todos los fieles ejercen su sacerdocio bautismal (cf. *Constitución sobre la Iglesia*, 10). Por otro lado, la misión del sacerdocio ministerial es permitir a todos los bautizados ofrecerse plenamente, sus personas y sus cuerpos, *"como hostias vivas, santas y agradables a Dios"* (Rm 12, 1). La vocación de la mujer, por su capacidad de don y su proximidad particular con Dios, es cumplir profundamente esta ofrenda del corazón, e iluminar toda su vida. Por la mujer y a través de ella, la humanidad es invitada a reencontrar su vocación esponsal en relación con Dios.

También el *Catecismo de la Iglesia católica*, retomando en este punto la enseñanza de Juan Pablo II, nos dice: "La santidad se aprecia en función del 'gran misterio' en el que la Esposa responde por el don de su amor al don del Esposo." De esto, María es la realización y la imagen más perfecta. Por eso, "la dimensión mariana de la Iglesia precede a su dimensión petrina" (773). La vocación universal a la santidad y a la ofrenda del corazón, de la que la mujer es el primer testigo comprende toda la estructura sacramental y ordenada de la Iglesia.

Resituando así la vocación y la identidad de la mujer como hi-

---

[2] Yves Fauquet, ídem.

ja, esposa y madre, se comprende que este libro, que está ya en su quinta edición, aporte esperanza y sanación a tantas mujeres, y por ellas, a tantos hombres.

Un último pensamiento que me inspira este libro, lleno de experiencia y compasión: sería urgente que un hombre escribiera una obra análoga sobre la vocación del varón, esposo y padre, imagen y administrador de Dios en el mundo. Esta identidad del varón está también profundamente herida en nuestra sociedad occidental.

En la sanación del varón y la mujer, dada en y por Cristo, Hombre perfecto, la humanidad reconciliada, al fin, con ella misma, podrá volverse hacia su Dios y Padre y decirle en verdad: "Aquí estoy."

Fr. Albert-Marie de Monleon, op,
obispo de Pamiers

Un propósito

Este libro nació de una constatación que se hizo evidencia y después pregunta: las mujeres sufren, ¿por qué?

He encontrado muchas mujeres, no en un contacto superficial donde se da a los otros la imagen que uno quiere dar, sino a través de intercambios profundos, en los que uno no tiene miedo de revelarse tal cual es, en su verdad, en su vulnerabilidad.

Más allá de la apariencia, las he encontrado perdidas, desamparadas, tratando de hacer frente con coraje a situaciones que las sobrepasan, no sabiendo cómo reaccionar, cómo situarse y cómo ser. En una palabra, fui conmovida por el sufrimiento y lo que éste engendraba en torno de ellas; conmovida por el hecho de que han perdido su identidad, de que ignoran cómo situarse con respecto al varón y cuál podría ser su misión.

En este mundo desorientado y a la búsqueda del "sentido", experimenté la necesidad de retornar a las fuentes, de interrogar las Escrituras para tratar de comprender lo que nos dice la Palabra de Dios sobre el sentido de la vida, del sufrimiento y de la muerte. Allí encontré la grandeza de la misión de la mujer y la urgencia para la humanidad de que ella redescubra su identidad y su lugar en el plan de Dios, para que también el hombre pueda encontrar su lugar en el mundo y juntos colaboren en la instauración del Reino.

A LA BÚSQUEDA
DE SU IDENTIDAD

I. Una época clave

Estamos ciertamente en una época clave. En las últimas décadas, ha habido una gran transformación en nuestra sociedad y la condición de la mujer en ella ha cambiado considerablemente. Esta evolución le ha abierto puertas hasta ahora cerradas y, en ciertos campos, ha podido alcanzar su plenitud. Pero esta liberación en el nivel de la "acción" no parece haber resuelto sus problemas más profundos, y si exteriormente ella parece más liberada y dueña de su propia vida, muchas veces se trata de una máscara que esconde un malestar existencial profundo.

Al creer que tiene que liberarse de la dominación del hombre, ella ha asumido esquemas masculinos en detrimento de su femineidad, separándose así de su naturaleza profunda. Se ha encontrado entonces más sola y vulnerable, en situaciones complicadas que la sumen frecuentemente en una profunda angustia.

Ciertamente, el mundo moderno está desestabilizado completamente porque la mujer no sabe quién es y, más que nunca, se cuestiona sobre su identidad y misión.

¿Cómo comprender entonces esta sorprendente declaración con acento profético que encontramos en el mensaje final del Concilio Vaticano II?[3]

"Llega la hora y ya está aquí, en que la vocación de la mujer se cumple en plenitud, la hora en que la mujer adquiere en la ciudad una influencia, un esplendor y un poder hasta hoy jamás alcanzado. Por eso, en este momento en que la humanidad conoce tan gran cambio, las mujeres impregnadas de espíritu evangélico pueden ayudar tanto a la humanidad para que ésta no se frustre."

En el momento en que estas palabras eran escritas, la mujer

---

[3] *Mensaje del Concilio a las mujeres*, 8 de diciembre de 1965.

Jo Croissant

entraba en una inquietante crisis de identidad, de la que no podemos decir que haya salido. Insatisfecha de lo que se le permitía vivir y presintiendo la grandeza de su misión, ella se ha buscado en todas direcciones, ha intentado liberarse a todo precio y por todos los medios, confundiendo verdad y sinceridad. Porque era sincera, creyó que estaba en la verdad y se perdió queriendo alcanzar su plenitud a toda costa.

Una de las trampas del Maligno es dividir para reinar, separar lo que Dios ha unido, para poder manipular a unos y otras según su antojo y así volver estéril el plan de Dios. Nuestra sociedad está enferma de separaciones, de divisiones de todo tipo, pero sobre todo de la división que se ha introducido entre el hombre y la mujer.

La liberación, concebida como la eliminación de todo lo que nos impide desarrollarnos y hacer lo que queremos, ha llevado a la mujer a tomar distancia de todos aquellos que podían coartar su libertad. Pero cuando el sufrimiento o la prueba llegan, se encuentra sola y desamparada. Lamentablemente, ella misma paga el precio de su liberación, recoge sus frutos y se encuentra en situaciones de angustia profunda que debe asumir sola, ya que se ha liberado de toda dominación, pero también de toda protección.

Desdicha de la mujer, del hombre y del niño, reacción en cadena de un equilibrio roto que amenaza al mundo. Hemos llegado a ser aprendices de brujos, ya que disponemos de un montón de medios poderosos, pero que no llegamos a dominar porque no conocemos el secreto. La ciencia ha hecho progresar la civilización de una manera increíble, somos dueños de un poder jamás conocido. Pero, paralelamente, somos subdesarrollados a nivel espiritual y esta distancia se agranda, produciendo seres cada vez más inadaptados para la vida, cada vez más frágiles y vulnerables.

En este malestar creciente de nuestra sociedad, la mujer tiene una misión fundamental y exclusiva, como un nuevo alumbramiento. Porque si ella reencuentra su lugar, todo se ordena para el bien de todos. Es tiempo de que se encuentre consigo misma, que mida su responsabilidad, tomando conciencia de la importancia de su misión y dando lo mejor de sí. Esto implica que deje de querer ser como el hombre y reconozca su diferencia, no como tara o defecto, sino como una riqueza, un don de Dios.

En esta época de cambios profundos en la humanidad, la mujer tiene un papel de especial importancia, no para aplastar al hombre, sino por el contrario para levantarlo, haciendo de él un hombre nuevo, para elevación de toda la humanidad.

Entonces todo lo escondido será revelado (cf. Mt 10, 26) y si en el presente la luz de todos los proyectores del mundo está dirigida a todas las infamias, vendrá el día en que Dios mostrará la belleza de las almas. El misterio de la mujer aparecerá entonces en toda su plenitud, íntimamente ligado al misterio de nuestra Redención, luz dada para iluminar el rostro del hombre.

"La creciente importancia de la mujer para el tiempo que viene no tiene nada en común con el movimiento de emancipación que la dirige hacia caminos masculinos; este movimiento es antijerárquico y nivelador... No es la mujer liberada aquella que es igualada al hombre, sino el eterno femenino, el que cobrará una gran importancia", decía Berdiaeff.

II. El feminismo

Sin embargo, la explosión feminista fue una explosión espiritual. El yugo impuesto por la estrechez de espíritu de la familia burguesa llegó a ser insoportable para las mujeres que presentían tener otras cosas que vivir, una expansión de su campo de acción, un despliegue de su capacidad de amor, que no podía desarrollarse libremente en el universo restringido que había llegado a ser la familia privada de sus raíces religiosas.

Este deseo auténtico de salir de la mediocridad y de redescubrir el verdadero sentido de la existencia no encontró la posibilidad de encarnarse en la moral y la religión, tal como eran enseñadas y percibidas en ese momento, y se perdió por caminos sin salida.

Simone de Beauvoir, al afirmar que la diferenciación sexual es accesoria: "uno no nace mujer, se hace", tuvo una influencia considerable, que orientó las energías de aquellas que querían igualarse al varón.

Se asociaron liberación sexual y liberación de la mujer. Las técnicas de anticoncepción la ayudaron a dominar su fecundidad; eliminando el *handicap* de sus embarazos, ella se hacía igual al varón y podía rivalizar con él en todos los campos.

De allí se siguió la devaluación de los valores propios de la mujer, tanto en el plano biológico como en el espiritual. Eliminando toda noción de misión específica, se desvalorizó tanto la maternidad como la virginidad, para terminar desvalorizando a la mujer misma.

Hoy vemos florecer teorías de gran éxito, demostrando con sólidas argumentaciones de tipo antropológico que el varón y la mujer son lo que son, porque han respondido a exigencias sociales que los han moldeado así.

Las modalidades de vida del presente son totalmente diferentes de las del pasado; la mecanización a ultranza y el formidable progreso técnico exigen cada vez menos fuerza física y cada día más minuciosidad. Esto hace que las mujeres tengan tanto éxito como los varones, y aun más, en ciertas responsabilidades. Algunos piensan que el género humano va hacia un cambio, y que la diferenciación de sexos perderá más y más importancia, hasta terminar en un ser asexuado.

Nos reiríamos si no fuera una realidad día a día más tangible: el varón y la mujer ya no saben quiénes son y no se animan a afirmarse en su identidad. Los niños no saben con quién identificarse, han perdido su punto de referencia. Asistimos a la llegada de una sociedad andrógina.

Nadie se plantea volver atrás a la imagen de la mujer en la casa, totalmente dependiente del varón, sin otro universo que las cacerolas; pero tampoco es posible vengar siglos de esclavitud queriendo dominarlo.

Felizmente, hemos superado un feminismo primario que fue muy lejos en sus afirmaciones, pero hay que reconocer que hemos sido profundamente marcados por él en nuestro pensamiento y comportamiento. Hace falta reencontrar el verdadero sentido de la vocación de la mujer, en una búsqueda auténtica, desembarazándonos de todos los viejos estereotipos que la obstaculizan.

III. El maravilloso proyecto de Dios

Para reencontrar el maravilloso proyecto de Dios para la mujer y a través de ella para la humanidad, es esencial meditar sobre los relatos de la Creación para intentar entrar en el pensamiento de Dios, pues todo fue dado en el principio.

Se ha tomado la costumbre de citar la Palabra de Dios, buscando los versículos más negativos sobre la mujer, para acusar al judaísmo y a la Iglesia de ser responsables de su avasallamiento, cuando sólo la Iglesia ha sido siempre el lugar donde ella ha encontrado su verdadera función y su dignidad, especialmente en épocas donde todo apuntaba a aplastarla. Se bromea citando sentencias terribles, pero la Escritura está hecha para ser profundizada: para un solo versículo se pueden encontrar varias interpretaciones, desde la literal a la mística. Quisiéramos encontrar respuestas claras y distintas que dejen en paz nuestra inteligencia cartesiana y, por el contrario, cada cuestión hace surgir una infinidad de otras preguntas que nos permiten entrar en el misterio.

Está escrito en el libro de los Salmos: *Tú has dicho una cosa y yo he escuchado dos.* Con otras palabras: si nos quedamos con el sentido literal, minimizamos lo que Dios nos ha querido decir.

"Varón y mujer los creó."

En la primera narración de la Creación, leemos: *"Dios creó al hombre a su imagen, a imagen de Dios los creó, varón y mujer los creó"* (Gn 1, 27).

El hombre es creado, a la vez, varón y mujer, masculino y femenino, y no hay nada que indique la superioridad de uno sobre el otro. Son creados iguales en dignidad y diferentes para poder unirse y juntos constituir la unidad fundamental del ser humano. Si de un ser Dios ha hecho dos, es para que lleguen a ser "uno" para una mayor plenitud.

Por otra parte, uno de los *midrashim*[4] nos dice que sólo Dios es verdaderamente masculino y que el alma de todo ser humano es femenina, ya que es llamada a desposarse con Dios. Lo confirma Juan Pablo II: "La dignidad de todo ser humano y la vocación que le corresponden encuentran su medida definitiva en la unión con Dios."

Leamos el libro del Génesis (2,18-25):

"El Señor Dios dijo: No es bueno que el hombre esté solo. Voy a hacerle una ayuda adecuada.

Con la tierra, el Señor Dios hizo todas las bestias del campo y todos los pájaros del cielo y las condujo delante del hombre para ver qué nombre les daría a cada uno. Eran seres vivos y el hombre les dio nombre a cada uno. El hombre les dio su nombre a todos los animales, los pájaros del cielo y a todas las bestias del campo. Pero no encontró ninguna ayuda adecuada. Entonces el Señor hizo caer sobre el varón un sueño profundo. Dios tomó una de sus costillas y cerró con carne el lugar vacío. Con la costilla que había tomado del hombre, formó la mujer y la llevó delante del hombre. El hombre al verla exclamó: 'Ésta sí es hueso de mis huesos y carne de mi carne.' La llamaremos mujer. A causa de ella, el varón dejará su padre y su madre, y se unirá a su mujer y los dos serán uno. Los dos estaban desnudos pero ninguno tenía vergüenza delante del otro."

Cuando Dios creó al hombre, varón y mujer en un solo cuerpo, vio que no era bueno que el hombre estuviera solo y le hizo un igual, una ayuda adecuada.

Es hermoso ver la relación de Dios con el hombre en el comienzo. Es una relación de persona a persona. Dios propone, y el hombre tiene toda la libertad de decidir: "Esto no me conviene." Es el hombre quien da nombre a todos los seres vivientes, asignándoles su misión en la Creación, y reinando sobre ellos. Él estaba presente en el momento en que Dios los creó, y participó de su obra.

---

[4] Midrash en singular, comentario rabínico de la Escritura.

Pero cuando Dios quiere crear a la mujer, hace caer sobre Adán un profundo sueño, actuando al margen de él, dejándolo frente al misterio de este ser venido a la vida mientras él dormía. Él no dominará sobre ella como lo hace con los otros animales, estará siempre frente al misterio. Y un grito de admiración brota del corazón de Adán. Él la reconoce y se reconoce en ella, y este reconocimiento es una plenitud. Despertando esta admiración, ésta juega un rol revelador: delante de aquélla que le es a la vez parecida y diferente, él descubre su propia identidad.

Ha sido escrito que Eva fue sacada de la costilla de Adán, y su costilla es su costado, su mitad, lo que significa que ellos serán siempre parte el uno del otro, que están llamados a existir el uno al lado del otro, pero también el uno por el otro.

La traducción literal es *"una ayuda contra él"*, lo que puede querer decir dos cosas: "una ayuda al lado de él" en una comunión que los hará fecundos o, por el contrario, "opuesta a él"; en este caso, ella puede llegar a destruirlo.

En otro *midrash* leemos: "Si el varón lo merece, ella estará con él", o sea lo acompañará. "Pero si él no lo merece, ella estará contra él, es decir, podrá llegar a ser su enemiga." Así, desde el comienzo, la mujer recibe su misión y su identidad en relación con el varón, para colaborar en la obra de Dios. Pero ella puede llegar a ser su aliada o su enemiga, aportar luz o tinieblas, elevar o disminuir, fecundar o volver esteril, según la manera en que utilice su libertad.

Ish e Isha

En todas las lenguas, la raíz de las palabras *varón* y *mujer* es diferente, como si no fueran de la misma esencia. Sólo el hebreo emplea dos palabras de la misma raíz, subrayando la complementariedad. *Varón* se dice *ish: aleph-yod-chin. Mujer* se dice *isha: aleph-chin-he.*

Cuando el varón y la mujer se unen en el amor, hacen presente *yod-he,* dos de las letras que constituyen el nombre de Dios: *Yah.*

Donde están la caridad y el amor, allí está Dios.

En la palabra *varón*, se encuentra la letra *yod*, que simboliza la mano de Dios puesta sobre él y lo invita a recordar que en esa mano, de la tierra (*adama*) de donde ha sido sacado, él ha sido moldeado. El hombre no hará nada bueno si no permanece bajo su protección: debe mantenerse en la humildad.

En cuanto a la mujer, es la letra *he* la que la distingue, letra del soplo espiritual, que encontramos dos veces en el tetragrama sagrado (que en hebreo está compuesto por las cuatro letras *yod he vav he* y que traducimos Yahveh); es lo que la predispone a una comprensión más inmediata de lo espiritual. En su relación con el varón, ella lo debe introducir más profundamente en la presencia de Dios, despertar en él el deseo de conocer, servir y amar al Creador.

Pero, a pesar de su predisposición a lo espiritual, esta sensibilidad hacia el mundo interior, si no es orientada en el buen sentido, puede hacer de ella un instrumento muy útil en las manos del "enemigo".

Los dos tienen en común las letras *aleph-chin*, que significan *ech:* el fuego.

Si el varón y la mujer pierden su identidad, si olvidan la humildad y la oración, queda sólo *ech*, el fuego de la destrucción. Si eliminan la presencia de Dios en medio de ellos, se destruyen mutuamente. Porque toda relación debe ser trinitaria si no quiere terminar siendo dominación de uno sobre otro. Actualmente, la relación del varón y la mujer pasa por una profunda crisis. Cuando Dios no es el fundamento de la unión, ésta es imposible. Queda sólo el fuego de la pasión y pasiones que los destruyen.

Es evidente que, cuando evocamos la narración del Génesis, no es para apoyarnos sobre hechos históricos, sino porque el contenido del libro inspirado es verdadero, las imágenes y la palabra que se utilizan allí son orden y fundamento de nuestro pensamiento. Frecuentar la Biblia es reencontrar las raíces, y también sanarse y reestructurarse. La etimología, en los textos originales, nos permite ir hasta las raíces mas profundas.

En el texto que citamos, está escrito que los hizo macho y hembra, *Zarakh ve Nekeva*. Macho, *zarar*, significa recordar, hacer actual la cosa de la que uno se acuerda, a la vez en la memoria genética y litúrgica.

Con otras palabras, el varón participa en la obra creadora de Dios procreando y celebrando el culto.

Su cuerpo y su espíritu están hechos para la lucha y la conquista de la tierra, para que, conforme a su vocación primera, pueda ser en ella señor y rey.

En su función primera, el varón tiene una misión de orden sacerdotal: hacer presente lo que viene de afuera, de Dios. Él tiene la responsabilidad de la presencia de Dios en la casa, es el oficiante del culto familiar y, a la vez, el garante de la buena marcha material y de las relaciones con el exterior.

En el judaísmo, es él quien está obligado a guardar los 613 mandamientos, para dirigirse siempre a Dios a través del cumplimiento de preceptos muy concretos.

Hembra, *nekeva*, significa hueco, receptáculo, crear un espacio interior.

Su cuerpo es todo suavidad y ternura, está hecho para recibir, para consolar, para dar vida.

Ella será el receptáculo del amor de Dios, de la Palabra de Dios, llamada a imagen de la Virgen María a meditarla en su corazón más que a proclamarla. Ella es más espiritual, más religiosa por naturaleza, y por eso está dispensada de observar los 613 mandamientos. Es el alma de la casa, la responsable de las relaciones en el interior de la familia, cuidando de cada uno. Ella responde de aquellos que ha traído a la vida.

El varón y la mujer han sido creados para la comunicación, la comunión en el amor a imagen de la Trinidad. Sus profundas diferencias crean una profunda atracción en vistas a una complementariedad armoniosa.

Uno se caracteriza por su fuerza en la acción, la otra por la presencia y el ser; la capacidad del varón puede realizarse sólo en la mujer, morfológicamente primero, pero también en todos los otros ámbitos.

La mujer es sacada del varón, pero el varón nace de la mujer.

Un día, san Efrén, ermitaño y diácono del siglo IV, pidió a Dios la gracia de aprender de la primera persona con la que se encontrara entrando en la ciudad. Fue una prostituta; ella no dijo nada, pero lo miró fijamente; turbado por esta mirada, el monje le preguntó por qué lo miraba así. La respuesta fue evangélica, fuerte y muy bella: "Hombre, mira el suelo, porque tú has sido sacado de la tierra; yo puedo mirarte, porque yo fui sacada de ti."

Si bien presente la belleza de su vocación en el plan de Dios, frecuentemente la mujer experimenta malestar, desazón, debido a que no sabe cómo situarse exactamente como tal. Además, siempre proyectamos sobre ella toda clase de imágenes, toda clase de expectativas. Pero el camino de su liberación pasa simplemente por la vivencia de las tres etapas: hija, esposa y madre, y la mujer perfecta es en plenitud hija, esposa y madre.

Ahora bien, no se puede ser madre sin ser esposa. La verdadera maternidad, aquella que da vida, no aquella que quiere hijos como cosas para poseer y que está dispuesta a prescindir del padre si fuera posible, se realiza en el matrimonio, en la ofrenda de uno mismo al otro por amor. Tampoco se puede ser esposa si no se es plenamente hija, si no se ha dejado modelar por el amor del Padre para llegar a ser un ser pleno, capaz de darse en el amor.

HIJA
DE DIOS

I. De la paternidad de los hombres a la paternidad de Dios

Padre e hija

La mujer es primero hija, hija del Padre e hija de su padre. Es fundamental para ella tomar conciencia de su identidad, reconectarse a lo femenino, reconciliarse con su ser de mujer y en primer lugar de hija. Su desarrollo espiritual y emocional está profundamente marcado por la relación con su padre, que representa su primer contacto con lo masculino, determinante para el futuro. Es el padre quien le da la estructura y la hace adulta, mientras la madre tiene tendencia a ver siempre a sus hijos como pequeños y a querer protegerlos. Una buena relación con el padre genera la confianza en uno mismo y una integración armoniosa en la sociedad.

Lo que es verdadero en el plano psicológico, lo es también en el espiritual. Soltera, consagrada o casada, la mujer se sitúa siempre en relación con el hombre; ella debe tener con él una relación equilibrada, que no sea la de una pequeña niña frente a su padre, ni la de una matrona que hace temblar al marido y a los hijos.

El testimonio de Natalia ilustra bien las consecuencias de una paternidad mal vivida:

Yo dejé a mis padres cuando la ley me lo permitió, a los 18 años. Mi padre era militar y me dio una educación demasiado estricta que anuló mi personalidad. Mis hermanos y hermanas se fueron antes que yo, por las mismas razones. Jamás nuestros deseos fueron tenidos en cuenta. Mi padre tenía planes para cada uno de nosotros, y nuestra adolescencia fue un largo combate en el que ninguno salió ganando; por el contrario, todos sufrimos, el fracaso fue el patrimonio de los tres hijos.

Mi padre tenía proyectos para nosotros pero nunca nos dio los medios para alcanzar esos objetivos, ni tampoco la confianza necesaria en nosotros mismos, para hacer las cosas hasta terminarlas. También nos dio un ejemplo desastroso en su vida de pareja y fue este modelo el que conservamos: el de la vida que él hacía con su mujer.

Me fui a los 18 años. ¡Tenía tanta necesidad de libertad! Comencé a vivir en pareja y, como todos mis hermanos, buscaba siempre, inconscientemente, la aprobación de mi padre. Me casé. Mi matrimonio fracasó rápidamente, la herencia dejada por mis padres y la ausencia de valores fundamentales terminó por romper el amor que tenía por mi marido o, mejor dicho, yo no sabía amarlo. Probé con otra persona. Duró sólo dos años y terminó con una dolorosa separación. Traté de nuevo durante diez años: un nuevo hombre, un nuevo trabajo, una nueva ciudad, nuevos peinados, nuevos aires, nuevos amigos, el casamiento, comprar un departamento, tener un hijo... pero el fracaso me esperaba al final de cada uno de estos caminos.

Hoy estoy sola, con mi pequeña hija; no estoy desesperada, al contrario. Acepté mi parte de error en todas esas relaciones fracasadas; pero ¿qué errores?

La imagen de pareja de mis padres me dejó la impresión de que sólo los hombres merecen estima; mi madre era sólo una "sirvienta" que cuidaba la casa y criaba a sus hijos a cambio de la seguridad económica que le ofrecía mi padre. Yo no quise nunca ser eso ¡Jamás! Entonces tomé la imagen de mi padre como modelo: me convertí en un hombre y quería ser un hombre. Yo trabajaba y traía el dinero, elegía a mis amantes y nunca quise asumir el rol de mujer tal como yo me lo imaginaba. Nunca me ocupaba de la casa o sólo en partes iguales con mi compañero. Odiaba el servicio, en el sentido menos noble del término. No quería ser mantenida por un hombre, ¡de ninguna manera!

Destrozaba la masculinidad de mis compañeros. No les dejaba lugar para afirmarse ni desarrollarse. Hasta en mis relaciones sexuales, me conducía (o imaginaba conducirme) como un hombre. ¿Cómo podía amar en este contexto? Los enfrentaba a sus problemas, los desvalorizaba remarcando sus debilidades, sus errores y sus intentos. Proyectaba sobre ellos una imagen que, por supuesto, no les correspondía, y luego se los reprochaba. En el momento en que se salían del cuadro tipo, me sentía insegura y no dejaba de reprochárselos.

Por supuesto que esta discapacidad se manifestó también en mi actividad profesional. Aunque tenía mucha energía, un espíritu cartesiano, grandes dones de organización y autonomía, siempre terminaba enfrentándome con los dirigentes de la empresa que tenían necesidad de mí en actividades que yo consideraba femeninas. Muchas veces renunciaba para empezar de nuevo en otro lado.

La última vez que me separé, pensé hacer un verdadero examen de conciencia. Recé para liberarme de esta esclavitud, de la herencia de mis padres, de esta estructura mental estéril y fuente de sufrimiento. Recibí una primera respuesta hablando con una amiga que comprendió mi mal y me iluminó en especial sobre el problema de mi identidad.

Soy una mujer. Hoy encuentro mi felicidad asumiéndome completamente, y viviendo mi misión al lado de los hombres.

La mujer oscila siempre entre dos actitudes, dependencia e independencia, que no son ni la una ni la otra el fruto de una verdadera libertad. "El hombre libre no puede vivir sin una mujer libre" (Fellini).

Sólo quien se libera de la mirada de los otros y se mantiene bajo la mirada de Dios es verdaderamente libre; la mujer puede ser libre y tener una relación fructífera con un varón sólo si toma distancia de su mirada y se sitúa bajo la mirada del Padre.

Es la mirada amante del Padre puesta sobre nosotros, varón o mujer, la que nos reconcilia con nosotros mismos y restaura en nosotros su "imagen".

Nuestra relación con Dios Padre es fundamento de nuestra verdadera personalidad.

Nuestra generación se ha rebelado tanto contra la sociedad patriarcal y el autoritarismo de los padres, que ha realizado lo que Freud llamó "el asesinato del padre", que significó también la "muerte de Dios". Rechazando el paternalismo, se separó de la paternidad que tiene el poder de hacerla adulta, quedando eternamente adolescente.

Hoy es urgente reencontrar el corazón del Padre y reencontrar nuestro corazón de hijos.

El pecado original

"Miren qué grande es el amor con que el Padre nos amó, qui-so que nos llamáramos hijos de Dios, y en realidad lo somos" (1 Jn 3, 1).

Pero ¿cómo podrán reencontrar un corazón de hijos aquellos a los que se les robó la infancia, los niños que son maltratados, a quienes se les crucifica la inocencia, los que nunca tuvieron una mirada cariñosa y amante de un padre o de una madre para comunicarles la vida, todos esos carenciados de amor?

Dios es inocente del mal que los hombres les han infligido, de estas heridas transmitidas de generación en generación. Más aún, sólo Él puede cortar esta cadena infernal, que hace que uno hiera porque ha sido herido. Sólo su mirada puede resucitar en ellos, en nosotros, el niño que ha sido asesinado.

No hace mucho tiempo, la radio hablaba de un hombre joven que había castigado a su hijo de una manera terrible. ¿Cómo imaginar que cosas semejantes sean posibles? Los hechos hablan por sí mismos. Él había sido maltratado por su padre y estaba tan herido que era incapaz de amar a su hijo. Sin ir al extremo, es sorprendente ver cuántas personas tienen una imagen deformada de Dios Padre, porque han sido heridas por la mirada de su padre, por su indiferencia o por su autoritarismo. Y esto también es cierto de la madre; algunos no pueden aceptar a la Virgen María, o hasta a su propia esposa, porque rechazan a su propia madre. Paradójicamente, rechazando el modelo parental que nos ha hecho sufrir, lo reproducimos. ¡Comprendemos la preocupación de muchos maridos de que su mujer no se vuelva como su suegra!

En realidad, herimos porque hemos sido heridos.

Es la herencia del pecado original que recibimos como envenenado regalo el día de nuestro nacimiento. Sus consecuencias se perpetúan como una maldición de generación en generación, así como el recibir la gracia es bendición para los hijos y los hijos de los hijos. Porque Dios no nos ha abandonado. De la desgracia y la muerte, Él extrae la felicidad y la vida, haciendo de la mujer, que da la vida, su aliada. Ella tiene una misión particular en la recepción de la gracia y en la transmisión de la bendición y de la vida.

La filiación divina restablecida y la sanación de las heridas

La gracia esencial del bautismo, al liberarnos del pecado original, de las consecuencias del pecado de nuestros padres y de la maldición, nos restablece en nuestra condición de hijos de Dios. Mas aún, *"ser bautizado no es ser purificado de una mancha corporal, sino comprometerse con Dios con una conciencia recta, y participar así de la resurrección de Cristo"* (1 P 3, 21). Nos comprometemos a luchar contra el pecado del que hemos sido perdonados, y vivimos un nuevo nacimiento que nos permite recomenzar y dejarnos reconstruir por Cristo. Porque restablece la gracia del Bautismo, el sacramento de la Reconciliación es una fuente cada vez más profunda de sanación. Al ser liberados del pecado, somos también liberados de sus consecuencias que son nuestras heridas, y cortamos la cadena infernal, limpiamos la maldición. En nosotros, pecado y heridas están íntimamente unidos. Por ejemplo, los celos son una herida del amor; la avaricia encuentra su raíz en las carencias mal asumidas durante la infancia que han producido inseguridad. ¿Qué decir de la gula, la bulimia? Ellas desaparecen cuando se reencuentra el equilibrio interior.

Los grandes pecadores son generalmente aquellos que han sido más heridos, los que carecieron de amor. El pecado de los orígenes es justamente ruptura con el amor, sospecha, falta de confianza. La mujer y el varón, engañados por la serpiente, pusieron en duda la Palabra de Dios, se separaron de su amor y quedaron librados a su suerte. El resultado no tardó en verse, y el fruto de su pecado se manifestó en sus hijos, provocando una cadena ininterrumpida de muertes, adulterios, traiciones y sufrimientos. Los hombres viven fuera de la ley de Dios y se despreocupan de conocer y hacer su voluntad, obedeciendo sólo a sus deseos. Pero cuando, de pronto, recogen el fruto de su inconsecuencia y se encuentran sumergidos en el sufrimiento, entonces se acuerdan de Dios y lo culpan de lo que ellos mismos engendraron. Nuestra época se destaca por este proceder. *"Excluidos de la vida de Dios, por la ignorancia que hay en ellos, por la dureza de su cabeza"* (Ef 4, 18), nos encontramos, por el mal uso de nuestra libertad, en situaciones dramáticas que somos incapaces de asumir. Es suficiente ver el número creciente de suicidios para comprender la desesperación creciente de tantos contemporáneos nuestros y la necesidad de un Salvador que nos libre de esta maldición del pecado y de la muerte.

Si pecado y heridas están íntimamente unidos en nosotros, también lo están la conversión y la sanación. Es decir que, cada vez que adherimos de todo corazón al Señor, que elegimos seguirlo cueste lo que cueste, se produce una transformación interior, una sanación del alma y, a veces, hasta del cuerpo.

Hay que cuidarse, sin embargo, de las afirmaciones rápidas de ciertos fundamentalistas, que la historia siguiente nos muestra tan claramente.

Arnold y Evelyne Bremond eran pastores en Ardeche. Una de sus empleadas se había convertido a una iglesia pentecostal y hacía mucho proselitismo, decía que si la gente no se curaba era porque no tenía fe. A esto Evelyne le dijo: ¿Y san Pablo? Dios le dejó una espina clavada en su carne.

La paisana decidida replicó: ¿Es mi culpa que san Pablo no tuviera fe?

Por el bautismo somos hijos de Dios, pasamos de la paternidad de la carne a la paternidad de Dios, de la dependencia de los hombres a la dependencia de Dios. Pero el bautismo no es un acto mágico, o una formalidad que se ha de cumplir para entrar en la familia. Nos hace falta toda la vida para vivirlo plenamente, para recibir la totalidad de nuestra herencia de hijos e hijas de Dios.

"En efecto, todos aquellos que se dejan conducir por el Espíritu de Dios, son hijos de Dios. El espíritu que vosotros recibisteis no es un espíritu de esclavos, para volver a caer en el temor; re-

cibisteis un espíritu de hijos adoptivos que nos hace exclamar: ¡Abba, Padre"! (Rm 8, 14-15).

El paso de la esclavitud a la libertad y del miedo a la confianza, se realiza reconociendo al Padre de quien aceptamos recibir la herencia.

"Tú ya no eres esclavo, sino hijo, hijo y por lo tanto heredero de Dios" (Ga 4, 7).

Nosotros hemos sido creados a imagen de Dios para gozar de sus mismos privilegios, y no tendremos descanso mientras no estemos en posesión de todo lo que Él nos ha destinado.

"Todo lo mío es tuyo", dijo el padre al hijo mayor (Lc 15, 31).

Dios sufre por vernos pasar al lado de aquello que Él ha previsto para nosotros desde siempre, al lado de lo que haría nuestra felicidad.

La sanación de nuestro ser profundo no es instantánea, es un largo camino que debemos emprender con coraje, confianza y perseverancia. Si los hebreos tardaron cuarenta años para entrar en la tierra prometida, pensemos que no entraremos inmediatamente bajo la mirada de Dios, ni seremos hijos e hijas del Altísimo, ni gozaremos la gloriosa libertad de los hijos de Dios en un instante. Cada día debemos conquistar nuestra libertad.

II. Bajo la mirada del padre
Volver a ser un niño

"Si el hombre no nace de nuevo, no puede entrar en el Reino de los Cielos" (Jn 3, 3).

Este nuevo nacimiento, esta necesidad de volver a ser niño, es indispensable para vivir desde ahora la eternidad. El niño vive totalmente dependiente del padre, puede vivir feliz sólo bajo su mirada. Pero ¿cómo podemos entrar en la plenitud de nuestra vocación de hijos de Dios, de hijos o hijas amados del Padre?

El niño vive y crece bajo la mirada de su padre y de su madre. Mientras es pequeño, no le quitan los ojos de encima, listos para intervenir ante cualquier peligro que surja. Esta mirada de amor le da seguridad. Él sabe que puede ir y venir sin problemas, sabe y siente que su padre o su madre lo siguen con la mirada y, si capta la menor distracción, se detiene y reclama sin cesar: "¡Papá, mamá, miren!"

Esta mirada amante lo forma, lo tranquiliza, le da confianza en sí mismo, le da toda la audacia y la fuerza para superar sus miedos y salvar los obstáculos.

En cuanto papá dice que él lo puede hacer, no duda un instante. Por eso, este pequeño hombrecillo se lanza a sus hazañas, orgulloso de llamar la atención de sus padres. ¡Qué no haría por despertar su admiración, por escuchar sus exclamaciones y sus risas!

Cuántas heridas tienen origen en la infancia, en la mirada herida e hiriente que nuestros padres pusieron sobre nosotros; es lo que Clara vivió:

Yo estaba convencida de que lo que vivía en mi familia no era normal. El amor estaba allí demasiado herido, el verdadero amor nos era desconocido. Fue en el transcurso de un retiro cuando tuve la certeza de que la vida en esta tierra podía ser diferente de lo que yo había vivido hasta ese momento, podía ser una vida de paz y felicidad. Después de esto, volvieron a mi mente mis ideas de la infancia sobre la vida religiosa, enterradas muy profundamente. La cuestión de mi vocación surgió al mismo tiempo que adquirí esta hermosa convicción.

Sólo con el tiempo tomé conciencia de la profundidad de mis heridas. No fue fácil, algunos dolores físicos eran una manera de expresar otro sufrimiento más profundo e imposible de decir. Estaba siempre atada por el miedo que surgía de las reiteradas amenazas de suicidarse de mi padre y, por lo tanto, por su muerte. Poco a poco, comprendí que estaba enfermo, pero hay cosas que son difíciles de asumir, sobre todo tratándose de los padres. Mi padre había transferido sobre mí una relación de tipo conyugal y no filial, de donde me venía una incapacidad manifiesta para vivir la confianza de hija. Viví como una traición de amor. Son mis capacidades de mujer y de esposa las que han sido más afectadas. Presentido y después claramente expresado, el amor por mi padre, se convirtió en odio. El perdón, la paciencia, la oración han cambiado mis sentimientos hacia él. Es un enfermo y Dios lo ama con un amor particular. Jamás podremos expresar lo que sufren estos enfermos, aunque hagan también sufrir a los que están a su alrededor.

Hay heridas en la vida que tienen consecuencias irreparables, y queremos a toda costa recuperar o reparar los hechos, mientras la única solución es la aceptación de las cosas y sus consecuencias, y dejar todo en la misericordia de Dios, que conoce lo secreto de los corazones. Gran parte de mis rebeliones fueron causadas por tratar de recuperar lo que no había tenido. Me llevó mucho tiempo aceptarlo, y doy fe que el Cuerpo y la Sangre de Cristo fueron y son todavía las fuerzas vitales en el momento de las pruebas y las dudas más intensas.

¡Dios puso en nosotros tantas riquezas sofocadas por miradas sin esperanza! ¿Cuántos Mozart habrán sido asesinados así?

El adolescente y el miedo a la mirada de los demás

El niño no tiene un concepto sobre sí mismo; por eso su inocencia: se ve en la mirada de sus padres. Al crecer, comienza a per-
cibir la mirada de los otros sobre él, mucho menos indulgente y tierna que la mirada de sus padres. A veces, él mismo no tiene piedad.
¡Basta ver cómo los niños pueden ser crueles entre ellos! Poco a poco, se ve a través de la mirada de los otros, y la identifica con la suya. No sabe realmente quién es, no es libre.

En este momento, nacen los complejos. El adolescente tiene
vergüenza de sí, de su familia, quiere ser otro, se esconde detrás de
un mechón de pelo, un suéter demasiado grande o un aire de superioridad. No puede aceptarse como es, trata de reproducir la imagen
que quiere que los demás tengan de él, o de masificarse para pasar
desapercibido y que lo dejen en paz.

Es verdad que este período de adolescencia es difícil. Cambia
de cuerpo, de identidad y se siente completamente despistado, inse-
guro porque ya no está bajo la mirada bondadosa de sus padres, y
está obligado a enfrentar la hostilidad del ambiente sin saber aún
quién es.

Lo mas dramático es que mucha gente no pasa jamás esta etapa; muchos se quedan toda la vida prisioneros del "qué dirán". Las
elecciones y las decisiones más importantes las toman en función
del entorno, para no chocar, para no ser incomprendidos, y esto paraliza o lleva a actitudes extremistas, puramente reaccionarias, que
no responden verdaderamente al ser interior, dejan insatisfechos y
no dan felicidad. Este miedo de lo que los otros van a pensar, el miedo de ser incomprendido o que mis palabras o acciones sean mal
interpretadas, bloquea totalmente. Algunos reaccionan ante esta
opresión de la mirada de los otros mediante la provocación, y encuentran un placer malsano en "chocar", para probar que están por
encima de todo "eso", pero por esto mismo no pueden realizar ningún acto libre ni liberador.

En cambio, a otros su propia mirada los condena y los paraliza. Son terribles con ellos mismos, sin ninguna misericordia para con sus debilidades. En realidad, están desilusionados porque no son perfectos, y su sentimiento de inferioridad no es otra cosa que orgullo disimulado, un deseo no consciente de ser considerados buenos para ser reconocidos o, simplemente, para ser amados.

El deseo de ser amado es el motor inconsciente y secreto de todos los actos.

No es casualidad que el segundo mandamiento nos exija amar a nuestro prójimo como a nosotros mismos, pues tenemos muchas dificultades para amarnos como somos. Pero no podemos amar al otro si no nos aceptamos a nosotros mismos, si no aceptamos la mirada de Dios sobre nosotros y recibimos su *amor*.

Éste es exactamente el testimonio de Pascale:

> Viví mi infancia en el miedo, herida por una hermana melliza que me superaba y me aplastaba en todos los campos. Tenía una salud bastante delicada y como adolescente tenía un comportamiento masculino, jugaba fácilmente y con más gusto a juegos de varones. Los años como pupila no me ayudaron para nada; al contrario, no aceptaba mi femineidad (siempre usaba pantalones, nunca faldas). Era muy tímida, hipersensible, emotiva en exceso, me sentía siempre mal. Siempre quería vivir en otro lugar y no donde estaba. Mi humor cambiaba según el tiempo.
>
> En 1981, el Señor se me manifestó con fuerza; fue la tarde anterior a la Pascua, hablando con una amiga (cuando hacía varios años que no iba a la iglesia). Mi corazón se llenó de golpe de una gran paz y de una gran alegría, todo cambió. Al otro día, dejé definitivamente los pantalones para ponerme faldas, y mi timidez desapareció en el acto. No más complejos, me sentí tan amada por Dios que todo fue sanado en mí. Me sentí mujer, plenamente feliz de serlo, de ser la que era, sanada de esa inestabilidad permanente y de mi hipersensibilidad; doy gracias al Señor porque me hizo nacer de nuevo.
>
> A partir de ese momento, me sentí tan amada por Dios que todo lo demás se volvió accesorio. El Señor despertó en mí la nece-

sidad de dar mi vida adoptando niños, acogiendo a gente herida, dando la vida también espiritualmente.

Antes había hecho mil y una cosas, todas eran maneras de huir, escapes, evasión. Hoy me siento más plena de lo que podía imaginar, y soy la mujer más feliz del mundo, buscando sólo vivir según la voluntad de Dios.

Pocas son las personas libres, liberadas de la mirada de los otros, sea en la manera de educar a los hijos, en las relaciones sociales, en el trabajo o en el entretenimiento.

¿Cuántas mujeres son forzadas al aborto por su entorno? ¿Cuántas jóvenes han sacrificado su virginidad para ser como todas las demás?

Es suficiente observar a la salida de un colegio para ver la poca originalidad en la vestimenta de los jóvenes, cómo son prisioneros de la moda. Hace falta mucho coraje, sobre todo a la mujer, para afrontar la burla de los que la consideran retrógrada o la miran como a un bicho raro, si comete la imprudencia de no bajar la cabeza ante las ideas en boga.

La maravillosa libertad de los hijos de Dios

¡Pensar que estamos llamados a la *"maravillosa libertad de los hijos de Dios"* (Rm 8, 21)! Pero esta libertad no tiene nada que ver con la independencia o con la libertad de los animales salvajes, que consiste en hacer todo lo que quieres, cuando quieren y como quieren. Nos hace falta simplemente entrar en la mirada de Dios, ponernos bajo la mirada del Padre, someternos. Porque el Padre nos ama.

Él no se desanima jamás por nuestras caídas. No nos etiqueta jamás, nos conoce como somos; cree y espera en nosotros.

Bajo su mirada, encontramos nuestra dignidad de hombres y mujeres, y descubrimos lo que somos y lo que estamos llamados a ser.

Su mirada nos libera de la tiranía del espíritu del mundo, sabiamente orquestada por los medios de comunicación que aprisionan las conciencias, y culpabilizan a aquellos que osan no compartir su opinión.

La mirada de Dios es toda esperanza. Él no nos fija en nuestros límites, sino que nos abre al infinito.

Sólo Él nos libera de todas las otras miradas, de las expectativas de los demás con respecto a nosotros; Dios no se hace ninguna ilusión sobre nosotros, sabe que somos capaces de lo peor, pero su confianza nos da la certeza de que somos creados para lo mejor, para la santidad.

La mujer, más que el varón, es sensible a la mirada que los demás tienen en ella. Tiene necesidad de ser reconocida, de gustar, de ser admirada; pero, más profundamente, de ser amada. Puede ser que tenga la nostalgia de la primera admiración del varón-Adán hacia la mujer-Eva, de esa mirada que la hizo plenamente mujer y felicidad para el hombre. Pero el pecado ha transformado la gracia en debilidad, y esta debilidad la conduce a elecciones que, lejos de liberarla, hacen de ella una esclava del "qué dirán". Se cierra así en una imagen de mujer superficial, objeto, que no corresponde a lo que es en el fondo de sí misma, y entra en el juego de la seducción, en el deseo de llamar la atención, de ser el centro del mundo, la más bella, o la más inteligente, de todas maneras y siempre la más...

Desgraciadamente, en esta búsqueda que en el fondo es legítima, pierde su verdadera personalidad. Buscando agradar a todos, se dispersa y pierde su encanto, no sabiendo verdaderamente para qué fue hecha, ni cuál es su vocación o misión.

Salvo algunas excepciones, debidas a una gracia particular, pocas mujeres tienen una imagen positiva de ellas mismas y están naturalmente felices de lo que son. Hasta las que parecen más seguras esconden detrás de una máscara un malestar profundo, que no quieren reconocer.

El análisis o la contemplación

Hay dos trampas que evitar cuando se quiere salir de ese malestar interior. Por un lado, la política del avestruz, que no quiere ver los problemas y hace todo lo posible por olvidarlos; y por otro, el autoanálisis que nos hace sentir el ombligo del mundo y nos hunde en el caos, nos hace dar vueltas y vueltas a los problemas, sin salir jamás. No es el análisis el que nos hará comprender nuestros mecanismos interiores. Es toda una ascesis: volver la mirada de uno mismo hacia Dios, dejar de mirarnos, y ponernos bajo la mirada de Dios, para descubrir quiénes somos. La tendencia natural es volverse hacia uno mismo, necesitamos volvernos hacia Dios, dejarnos ver por Él. Olvidándose, uno se encuentra. Su mirada nos sana, sólo Él puede penetrar en nuestra intimidad sin herirnos. Sólo Él puede revelarnos nuestra pobreza sin desesperarnos. Su amor nos salva.

Es mi mirada la que te purifica

Yo era muy exigente y perfeccionista conmigo misma, como muchas adolescentes y mujeres que al final arruinan sus vidas en la búsqueda de un ideal que nunca podrán alcanzar.

Por no corresponder a la imagen que me hacía de mí misma, me desanimaba completamente. Me sentía despreciable, pensaba que tendría que vivir muchísimos años para que Dios pudiera realizar su obra en mí.

Aspiraba a un absoluto, y me desesperaba mi mediocridad. Hasta que un día en que acababa de constatar mi incapacidad para hacer bien las cosas, recibí esta palabra en mi corazón: "Es mi mirada la que te purifica."

En ese mismo momento, comprendí que no llegaría a nada con mis propias fuerzas, a fuerza de voluntad. Tenía que ponerme bajo la mirada de Dios, dejar de mirarme para mirarlo. Comprendí que era única, que Él me amaba, que era amada así como era, en mi pobreza y mediocridad.

Él no esperaba que fuera perfecta para mostrarme su plenitud y darme todo su amor. Al mismo tiempo, comprendí toda la exigencia que este descubrimiento acarreaba. No me decía: "Te amo tal cual eres, no tienes necesidad de cambiar." Él me llamaba a superar mis límites, porque su mirada era una mirada de esperanza. Él no me encasillaba, como pueden hacerlo los hombres, que nos anulan poniéndonos etiquetas de las que no podemos despegarnos y nos persiguen toda la vida.

Su amor despertaba en mí un gran deseo de cambiar. Supe que Él podía todo en mí. Él tenía necesidad de mi "sí", de mi confianza total, incondicional, de mi sumisión a su voluntad.

No tenía más que abandonarme a *"Aquel que tiene poder para realizar todas las cosas incomparablemente mejor de lo que podemos pedir o pensar, conforme al poder que actúa en nosotros"* (Ef 3, 20).

La idea que Dios tiene de nuestra propia vocación supera infinitamente la nuestra. Tenemos una visión estrecha de nosotros mismos, sabemos más o menos lo que podemos dar, y sobre todo lo que no podemos dar. Pero Dios ve mucho más lejos, y quiere hacer mucho más, infinitamente más allá de todo lo que podemos imaginar. Él puede hacerlo, pero hay que creerle. Nuestra falta de fe paraliza la acción de Dios en nuestras vidas:

Esta palabra permaneció en mí mucho tiempo, fortaleciéndome en la certeza de que *"una vez que el sembrador ha sembrado, si duerme o si vela, la semilla germina y crece, él no sabe cómo"* (Mc 4, 27), hasta convertirse en un gran árbol.

Otra palabra me trabajaba interiormente al mismo tiempo: *"Todos nosotros que, con la cara descubierta, reflejamos como en un espejo la gloria del Señor, nos vamos transformando en esa misma imagen, cada vez más gloriosos: así es como actúa el Señor, que es Espíritu"* (2 Co 3, 18).

Comprendí que la contemplación de mi miseria me conduciría al desánimo y la desesperación. El análisis psicológico era una tentación en la que no tenía que caer, con el pretexto de conocerme. Aunque pueda aportarnos algunas luces sobre el funcionamiento de los mecanismos internos, está lejos de ser la panacea para resolver nuestras contradicciones. Existía un camino más rápido y seguro para encontrar la felicidad: no mirarse a uno mismo, dejarse mirar por el Padre y encontrarse en su mirada que es todo amor y ternura.

La solución era la contemplación del rostro de Jesús, la adoración de Aquel que es la Vida y el Ser.

"El que mira hacia Él, resplandecerá" (Sal 33, 6).

Es evidente que no fui tocada por una varita mágica que me transformó en un instante. La tierra prometida se conquista sólo tras arduas luchas.

Generalmente, creemos que, porque hemos comprendido un mecanismo psicológico o una realidad espiritual, todo está arreglado y ya llegamos. Grande es nuestra desilusión cuando, ante la primera dificultad o contradicción, resurge el mismo defecto y tenemos la misma reacción que antes; entonces, el Enemigo nos dice al oído: "Ves cómo no cambias, serás siempre así."

No hace falta nada más para convencernos de que es inútil tratar, cansarse intentando, que es pura pérdida de tiempo, que esto no sirve para nada. ¡Cuántas gracias el Señor quiere darnos y las dejamos pasar!

III. El tiempo de la fe o la sumisión en la confianza

Hijos de Dios por la fe

"Porque en Jesús, vosotros sois hijos de Dios por la fe" (Ga 3, 26).

Liberados de la mirada de los otros por la mirada de amor de Dios Padre, reconociéndonos hijos e hijas, debemos llegar a serlo plenamente, viviendo en la fe.

Precisamente, cuando estamos a punto de sucumbir al desánimo, debemos ponernos inmediatamente bajo la mirada de Dios, en lugar de dejarnos llevar por la consideración estéril de nuestras miserias.

Su mirada nos anima porque Él sigue teniéndonos confianza, cree en nosotros, espera en nosotros, nos ama en todo momento, aun cuando nos sentimos menos amables.

San Juan nos dice: *"Lo amamos porque Él nos amó primero"* (1 Jn 4, 19). Podemos decir que creemos en Él porque Él creyó en nosotros primero, esperamos en Él porque Él esperó en nosotros primero.

Juan dice además: *"En esto está la confianza que tenemos en Él: en que nos escucha cuando pedimos de acuerdo con su voluntad. Y porque sabemos que escucha todos nuestros pedidos, sabemos que tenemos conseguido lo que le hemos pedido"* (1 Jn 5, 14-15).

Nuestra desgracia es que no nos sometemos realmente a Dios. No creemos que Él pueda satisfacernos, no creemos que pueda cambiarnos. No sabemos cuál es su voluntad. Pero lo que es conforme a su voluntad es lo que nos prometió en su Palabra, porque sus promesas son verdaderas, y lo que Dios quiere para nosotros es la felicidad: la vida en abundancia, la paz que sobrepasa toda inteligencia y la alegría perfecta.

Pero esta felicidad no se disfruta hasta después de despojarse, porque todas nuestras falsas ideas de lo que podría hacernos felices nos impiden recibir lo que Dios quiere darnos.

¡Por suerte, Dios no satisface todas nuestras oraciones! No está para satisfacer todos nuestros caprichos, para garantizar nuestra propia voluntad. Nos educa como un Padre que sabe unir la ternura a las exigencias. Pero, cuando nuestro deseo es hacer realmente su voluntad, tenemos la seguridad de que no nos niega lo que le pedimos.

Tengan fe en Dios

"En verdad os digo, si alguno dice a esta montaña: quítate de allí y échate al mar, sin dudar en su corazón, sino creyendo que sucederá lo que dice, lo conseguirá. Por eso os digo: todo lo que pidáis en oración, creed que ya lo habéis recibido y lo recibiréis" (Mc 11, 22-24).

Entre el tiempo del pedido y el tiempo de la respuesta de Dios, está el tiempo de la fe. Es el tiempo de mantenerse a la luz de Dios en el *"creed que ya lo habéis recibido"*, hasta que se cumpla.

No sirve para nada pedir algo si no se tiene la certeza de que seremos escuchados. Es verdad que generalmente los caminos de Dios son difíciles, porque la mayor parte del tiempo tenemos que comenzar por despojarnos para poder recibir lo que hemos pedido. Nuestra copa está sucia, llena de vanidades, y el Señor está obligado a limpiarla antes de volver a llenarla. He aquí lo que nos desanima: nos pasa lo contrario de lo que pedimos, caemos en los mismos errores, resurgen las mismas heridas, siendo que le hemos pedido la sanación. En ese momento, dudamos y abandonamos, siendo éste justamente el momento del combate de la fe, el momento en que tenemos que creer que, aunque no veamos nada, la semilla crece y germina y un día veremos el brote salir de la tierra y llegar a ser un gran árbol.

La mujer tiene una misión fundamental en esta dinámica de la fe. Si el Padre la predispone en su calidad de hija a una misión de intercesión por la humanidad, Él la predispone también, en su semejanza a María, la Madre, a ser la guardiana de la fe. Y porque de hija, ella se convertirá en esposa y madre, la dispone a recibir de una manera que le es propia, a imagen de María, el Verbo de Dios para que Él se haga carne en ella por la fe.

Es suficiente ver la cantidad de pasajes de la Biblia donde se habla de la fe, para comprender que lo esencial es vivirla. Cuando los discípulos fueron a ver a Jesús para preguntarle *"¿Qué debemos hacer para cumplir la voluntad de Dios?"*, Él respondió: *"La obra de Dios es creer en Aquel que Él envió"* (Jn 6, 29).

Imaginamos que hay que hacer cosas extraordinarias para ser un buen servidor de Dios, solamente, se nos pide creer en Aquel que Él nos ha enviado, creer en su Palabra, en sus promesas y en su amor.

Comprender esto elimina todo desánimo y hace de la vida una aventura apasionante.

Todo es posible para aquel que cree (Mc 9, 23)

La rebeldía hacia Dios nos hace incapaces de recibir lo que Él quiere darnos. Es su gran sufrimiento: quiere darnos, pero nosotros estamos siempre pidiendo sin jamás recibir nada. Quisiéramos todo y rápido.

La mujer es más impaciente que el varón, no sabe esperar y, por esto mismo, demora la obra de la Providencia. Nos hace falta aprender a recibir, a entrar en la paciencia del Padre. Él tiene su tiempo, y en su sabiduría sabe por qué no responde al instante. Durante ese tiempo de espera, hace su obra en nosotros, nos purifica, nos transforma, nos unifica, y nos hace cada vez más aptos para recibir sus dones.

Si somos fieles en las pequeñas cosas, el Señor nos confiará las grandes. En realidad, no hay pequeñas cosas; es Dios, que se comunica enteramente en el instante presente. Si somos fieles para encontrarlo en todo lo que nos concede vivir, tanto en la alegría como en la monotonía del sacrificio, entonces Él podrá ser grande en nosotros.

En los detalles más simples de nuestra vida, tenemos que poner en práctica la fe para experimentar la bondad de Dios, su paternidad. Él se manifiesta de manera muy concreta en nuestra vida, ahorrándonos muchas argumentaciones estériles.

Ésta es la experiencia de Angélica:

Antes de conocer la Renovación Carismática, mi marido estaba muy interesado en las tesis de la reencarnación y el esoterismo. Tenía muchos libros sobre el tema. Después del encuentro con la Renovación, guardó sus libros en el sótano y no los leía más. Desde tiempo atrás él sufría insomnio, todos los remedios eran ineficaces. Después de una tarde de oración, estaba muy cansado y pasó una noche terriblemente agitada. Su agitación no me dejaba dormir y, como no tenía nada que hacer, me puse a rezar. La reciente lectura del libro *El poder de la alabanza* me dio la idea de alabar a Dios por este insomnio.

Orando, tuve la idea de que los libros sobre la reencarnación debían ser quemados. Varias veces, durante esa noche, estuve a punto de decírselo a mi marido, pero algo me lo impedía. Pedí al Señor que pusiera a alguien en su camino que le sugiriese esta idea y seguía orando mientras él continuaba agitado. La mañana siguiente, cuando se levantó, me dijo:

—Ahora sé lo que debo hacer, tengo que quemar los libros que están en el sótano.

Yo no esperaba esta decisión, ¿cómo se le había ocurrido? Yo no había dicho nada y él no había hablado de esos libros en meses. Estaba asombrada y terminé diciendo:

—Gracias, Señor, porque escuchaste mi oración.

Mi marido me dijo que al levantarse se le había ocurrido esa idea y que, antes de decírmelo, le había preguntado al Señor si era Él quien se lo pedía, o si era sólo una ocurrencia. Esa misma mañana quemó todos los libros de esoterismo y la noche siguiente durmió perfectamente. ¡Gracias, Señor, porque eres Padre y escuchas nuestra oración!

Cuanto más experimentamos que Él nos escucha, más crece nuestra confianza. Así podemos convertirnos en intercesores de los demás y conseguirles gracias de parte de Dios. En su intimidad creciente con el Señor, la mujer es llamada a ser intercesora para obtener la efusión de la gracia sobre su prójimo como sobre toda la humanidad. La mujer es hija de Dios como el varón, pero es la hija bien amada del Padre y, lo mismo que en una familia existe una connivencia particular entre el padre y la hija, ella puede obtener todo de Dios.

Es la confianza de hijos lo que el Padre espera de nosotros, una confianza ciega, absoluta, incondicional.

"¡Si conocieras el don de Dios!" (Jn 4, 10). Si supiéramos con qué amor nos ama, esperaríamos todo de Él, seríamos liberados para siempre del miedo y nada podría separarnos de su amor.

Él nos quiere hijos e hijas, más que servidores, más que amigos: hijos e hijas de la misma raza, de su misma sangre, teniendo derecho a toda la herencia. Esto es verdad para los dos. La mujer, como el varón, si quiere reconciliarse con ella misma, debe reencontrar su filiación y vivirla de una manera diferente, con un tipo de relación con el mundo y con Dios que no es la misma que la del varón, porque Dios la ha querido mujer, atribuyéndole una vocación propia llevada a su perfección por María, hija, esposa y madre.

ESPOSA

I. Una inmensa necesidad de amar insatisfecha

De hija llegar a ser esposa

Sólo cuando la hija llega a ser mujer, es decir, cuando su cuerpo, su corazón y su psiquis están listos para el don, puede soñar con ser esposa.

Psicológicamente, el padre ayuda al niño a superarse, a salir del cascarón maternal donde busca la seguridad; el padre le da confianza en sí mismo y coraje para afrontar los obstáculos y entrar en el mundo de los adultos. Si el padre no cumple su misión, dejando al niño bajo la sobreprotección de la madre, o exigiéndole más de lo que puede dar, y enfrentándolo a sus incapacidades, su hijo tendrá dificultades en llegar a ser adulto, y su hija seguirá siendo la "pequeña niña", obediente o revoltosa, pero no llegará a mujer.

Por eso es tan importante, para cada uno, tener una relación auténtica con Dios, el Padre que, como vimos, permite a cada uno ser lo que es, sin complejos ni agresividades. Si la hija no llegó a ser libre, no está preparada para convertirse en esposa. En la medida en que se distingue del varón, puede estar con él frente a frente. Se arriesga a pasar de ser la pequeña niña obediente que se amolda a lo que se espera de ella para agradar a sus padres, a la mujer totalmente dependiente de su marido. En esta relación, ¿qué pasará con su deseo insaciable de amar?

Porque la esposa es quien ama

La mujer es por naturaleza un ser sediento de amor. Tiene ideas maravillosas sobre el casamiento, las relaciones entre los seres, y se desconcierta completamente cuando la realidad no se corresponde con lo que ella imaginó. Por eso, tiene que descubrir los dones que Dios ha puesto en ella para asumir su vocación de mujer, y reencontrar la vocación de esposa que es constitutiva de su ser.

La vocación de la mujer es verdaderamente magnífica. Ser esposa es, ante todo, amar. Casarse es salir de uno mismo para darse al otro. Pero sólo se puede dar lo que se tiene, lo que se es, y si nuestro ser no está terminado, completo, habitado por Dios que le da su plenitud, queda siempre en la actitud de espera y no de donación.

Juan Pablo II hace consistir la verdadera dignidad de la persona en el don desinteresado de ella misma a los otros. Toda nuestra vida es un camino de amor, que parte del amor a uno mismo para terminar en el amor totalmente desinteresado por el otro, del amor que recibe al amor que se da. Este amor conoce grados, y estamos invitados a vivir esta aventura del amor que se profundiza, se intensifica, se purifica hasta el más alto grado que es dar la vida por aquellos que amamos.

Es una progresión que se vive en cada etapa, como hija, esposa o madre.

La hija tiende a estar cobijada bajo la mirada de Dios, del amor de Dios, porque es Él quien le da la vida, quien le da el ser. Cuando el ser es formado, puede relacionarse con el otro, insinuándose ya el don al otro.

En el Cantar de los Cantares, las primeras palabras de la bien amada son: *"Mi bien amado para mí"*, y es verdad que, cuando uno encuentra el amado, lo desea para sí. El amor es primero posesivo: uno trata de traer todo hacia sí. Pero, a medida que se profundiza, llega a ser: *"Mi bien amado para mí y yo para él"* (2, 16). Es el amor compartido, que se recibe y se da. Gradualmente, se va elevando así hasta un amor puramente oblativo.

Amar es la gracia propia de la mujer, sin embargo se le pide al hombre, como lo vemos en Ef 5, 25: *"Maridos, amad a vuestras mujeres"*, pero no se dice "mujeres, amad a vuestros maridos", tan natural es en la mujer. La mujer es amor, es su constitución misma, está siempre ahí, siempre presente, siempre en esa espera.

La decepción

El corazón de la mujer es un abismo, puede ser llenado indefinidamente; pero si está centrada en ella misma, es una catástrofe, permanece siempre en una búsqueda incesante, tratando de encontrar el amor por doquier.

Esta búsqueda afectiva jamás satisfecha puede conducirla a una decepción profunda, a una verdadera crisis de identidad. Amando, encuentra su plenitud, atrae al amor, haciéndose amable. Todo en ella está hecho para recibir amor, darlo y recoger sus frutos. Lleva en su ser el poder más extraordinario; muchas veces derrocha ese poder y, esperando recibir antes que dar, ahoga ese don maravilloso que le es propio. ¿Cómo es posible que la esposa se sitúe en una relación justa con su esposo? ¿Cómo puede realizarse sin perder esta inmensa necesidad de amar? La Escritura nos servirá de guía, porque en ella Dios nos descubre sus secretos y nos revela sus misterios.

El Jardín del Edén y la caída

Si volvemos al Génesis, es innegable que el varón y la mujer fueron creados el uno para el otro. Sin la mujer, la Creación quedaba incompleta. Dios quería para Adán una ayuda, un "cara a cara" que le fuera semejante. Pero ninguna criatura podía corresponderle. Tomó entonces de la costilla del hombre indicando así una dependencia tan estrecha que uno no puede encontrar su plenitud sin el otro, en un don total de uno al otro hasta ser "uno".

Se entiende entonces que el varón esté siempre buscando a la mujer, como si buscara la parte de él mismo que le fue sacada en la Creación, y que la mujer aspire a estar unida a aquel de quien fue sacada, sin fusión ni confusión, lo que sería retornar al sueño adánico. En el Jardín del Edén, el varón y la mujer estaban en comunión constante con Dios. Recibían una plenitud de amor que era el principio mismo de su unidad que los plenificaba.

Ellos conocían a través de la mirada de Dios. Era un conocimiento por el corazón. Se conoce sólo a aquellos a quienes se ama. El sentido bíblico de la unión del varón y la mujer se traduce por la palabra "conocer". Conocerse es recibir juntos el uno por el otro el don de la vida. Conocer es abrir el corazón y la inteligencia a los misterios, es entrar en la contemplación de las obras de Dios.

Pero la serpiente, celosa de una felicidad tan grande y no pudiendo soportar que otros gozaran lo que ella había perdido, introdujo en el corazón de Eva la sospecha sobre las intenciones de Dios, insinuando que Él quería privarlos de algo, y la sorprendió cuando Adán estaba ausente. Introdujo la sospecha sobre la Palabra de Dios diciendo: *"No moriréis, pero Dios sabe que el día que comáis, vuestros ojos se abrirán y seréis como dioses, conociendo el bien y el mal"* (Gn 3, 5).

Haciendo dudar a la mujer, la serpiente quiso hacer ineficaz esta Palabra que es vida, que da la vida. ¿Dónde estaría Adán en ese momento? Al comer el fruto del árbol de la ciencia del bien y del mal, Eva quiso conocer sin pasar por Dios, y sin consultar a Adán. Al dejar de lado la sumisión, y alejarse de la mirada de Dios, se separó de la fuente del amor, de la fuente de la vida y de su plenitud. La consecuencia inmediata fue la pérdida de la vida eterna: de inmortales se convirtieron en mortales. ¡Dios tenía razón!

De la transparencia a la opacidad

El *midrash* enseña que, antes de la caída, Adán y Eva estaban revestidos de túnicas de luz (*kotnot'or*). Eran transparentes a Dios y transparentes el uno al otro, sin secretos, sin segundas intenciones, en la inocencia del que no conoce el mal.

Pero, después de la caída, Dios les hizo túnicas de pieles (*kotnot'or*) y los revistió con ellas. Las palabras "luz" y "piel" se pronuncian las dos *or*, pero el *aleph* de la palabra "luz", cuyo valor numérico equivale a 1, es cambiado por la letra *ayin* en la palabra "piel" que equivale a 70. La unidad original se cambió en multiplicidad, la simplicidad en complejidad, la unión en división, perturbando para siempre la unión del varón y la mujer que, de don gratuito y maravilla de Dios, se convirtió en el objeto de una lucha incesante.

"Entre dos individuos, la armonía no está jamás dada, ella debe conquistarse indefinidamente", constataba Simone de Beauvoir.

Este pasaje de la transparencia de la luz a la opacidad de la piel ha hecho de la armonía entre el varón y la mujer algo que se debe conquistar, y ha introducido una disonancia entre ellos, porque Dios era su unidad y hacía su maravillosa armonía.

Entonces, teniendo miedo de Dios, ellos escaparon a su mirada y se encontraron el uno frente al otro. El varón pasó de la admiración inicial al reproche, y en el futuro desconfiará de la mujer como aquella que puede hacerlo caer; al mismo tiempo, él seguirá siempre en la búsqueda de ese ser maravilloso que Dios había querido para él. En cuanto a la mujer, se volvió hacia el hombre; había puesto en él todas sus esperanzas, una esperanza que jamás ningún hombre podrá satisfacer pero que, a causa de la debilidad que experimentó, la predispuso a ser dominada a pesar de ella, y dispuso al hombre a aprovechar su fuerza.

La ruptura con Dios introdujo también una relación de dominación entre el varón y la mujer.

De la dominación a la sumisión

Cuando no es el Amor el que preside la relación entre los seres, sino la desconfianza y el miedo, no hay otra solución que dominar al otro.

Tanto la mujer como el varón tienen el mismo deseo de dominar pero, como ella no puede hacerlo por la fuerza, siendo de contextura más frágil, su dominación es más insidiosa. Por la astucia consigue lo que quiere, consciente o inconscientemente y, cuando no emplea para ello la energía que Dios le dio para ser la ayuda del hombre y sólo piensa en ella, puede convertirse en destructiva. Con las mejores intenciones, puede impedir la vida del otro, como vemos en este testimonio:

Me resultó muy difícil admitir que yo dominaba a Joel. ¿Por qué buscaría dominarlo?, le reconocía una montaña de cualidades: estable, reflexivo, fiel, de buen humor, ordenado, divertido, etc.

Hasta que un día unos amigos nos propusieron buscar en nuestra relación si había ámbitos de competencia; primero dudé y lo encontré absurdo. Pero era evidente que me consideraba mejor en el hablar, hablaba más rápido, con más facilidad, mientras que él parecía buscar siempre sus palabras y daba, después de largos segundos, una respuesta medida, pensada, con matices que me hacían enojar. Esto me hacía tomar la palabra aunque fuera él el que tenía que hablar, interrumpirlo si era demasiado lento y corregir lo que al fin llegaba a decir.

Además, no pudiendo contar con él en lo referente a nombres, fechas y direcciones, tomé la mala costumbre de controlar lo que decía por teléfono, para ver si no se olvidaba de nada, le decía lo que tenía que transmitir; además, anotaba prolijamente en mi agenda sus citas, las fijaba, sin preocuparme por saber si él estaba de acuerdo o siquiera disponible.

En lo que respecta a los nombres, me los preguntaba siempre cuando íbamos a visitar una familia o a casa de amigos. Así, le quitaba responsabilidades abiertamente, al menos en este campo.

Hay un ámbito donde la mujer tiene un poder real: el de la actividad sexual conyugal. Este poder de decir "no" lo ejercí largo tiempo, por miedo, por ignorancia o por falta de deseo, con todos los pretextos más o menos verdaderos: dolores de cabeza, malos momentos en el ciclo, embarazo, cansancio de todo tipo, prioridades mal definidas, etc. Mi marido era muy respetuoso, no insistía nunca. Así, yo lo encerraba en su silencio, en su deseo, su frustración, su soledad, y tal vez hasta en la vergüenza de ser siempre el único "solicitante".

Por suerte, tenía el trabajo; en eso él hacía maravillas, rendía al máximo, libremente. Seguramente prolongaba el tiempo de trabajo para escapar de mí. En otros aspectos le imponía mis gustos y mi voluntad, pero sobre todo cada vez le tenía menos confianza, lo trataba como a un niño, le cortaba las alas.

Felizmente seguimos rezando juntos cada día, aunque fuera brevemente, y el Señor nos guardaba celosamente en su mano. ¡Él velaba! Nuestra historia de salvación continúa...

Actualmente, la sumisión y la obediencia son objeto de un malentendido de graves consecuencias. Se traducen inmediatamente por: inhibición, opresión o dominación. Se interpretan inmediatamente en el sentido de la superioridad o la inferioridad. Se asimila autoridad y poder, y esta idea es insoportable para la mujer que quiere vivir la vida según su voluntad y no soportar el yugo que le imponga el varón.

Es difícil, en este punto fundamental de la relación del varón y la mujer, que se tenga una actitud equilibrada y profunda que permita pasar por encima de reacciones epidérmicas, tratando de descubrir por qué Dios, que es bueno y que quiere nuestro bien, ha ordenado las cosas de esta manera que aparentemente pone en desventaja a la mujer.

En realidad, Dios no las ordenó así, y lo que nosotros consideramos una maldición, de hecho, no es más que una constatación de la situación en la que se colocó el hombre.

Dios no es un mago que, de un golpe de varita mágica, puede reparar todo lo que nosotros hemos roto poniéndonos fuera de su ley de amor. Él nos deja asumir las consecuencias de nuestras faltas, pero al mismo tiempo, a través de estas consecuencias, Él nos salva y nos da una llave para entrar de nuevo en el Paraíso, para reencontrar la felicidad de la unión que teníamos con Él antes de la caída.

Así es cómo en el orden de la Redención se establece un nuevo modo de relación entre el varón y la mujer. Ella tiene una parte difícil, que es dar a luz al hombre y a la humanidad.

"La decadencia de los dos sexos por el pecado ha conducido a la explotación de la mujer por parte del varón... La que tenía que ser su compañera (...) debe, por una libre decisión personal, venir en ayuda del varón y permitirle llegar a ser lo que él debe ser" (Edith Stein).[5]

---

[5] *La femme et sa destinée,* 1956.

II. Esposa en el orden de la redención: el amor y la sumisión

"Amaos los unos a los otros como yo os he amado" (Jn 13, 34).

He aquí lo que Jesús nos pide a todos, y primeramente a los esposos, porque su vocación es el amor. Subrayemos que esto no es un consejo sino un mandato.

El amor no es primeramente un sentimiento, sino un mandamiento. Y si bien es hermoso sentir amor, si es el regalo más hermoso que Dios puede hacernos, no es necesario sentir vibrar todo nuestro ser para amar. El amor tiene sus cimas y sus valles.

"Amarás" (Mt 22, 37).

Amar es una decisión y a quien la toma, Dios le da alegría. El amor es Dios, Dios es amor, y el que dice amar a Dios pero no ama a su hermano, su mujer, o su marido es un mentiroso (cf.1 Jn 4, 20). El que permanece en el amor permanece en Dios. Todos los enamorados hacen la experiencia de lo divino, de la presencia de Dios. Debemos decidirnos a amar. Si no sentimos, creemos no amar. Cuando amamos a Dios no sentimos el corazón latir más fuerte, pero sabemos en lo más profundo de nosotros mismos que nos entregamos a Él y que lo amamos.

La determinación de amar es fundamental, la mujer que no está decidida a amar no puede ser fiel a su vocación. La vocación de la mujer es el amor, y en el amor de la mujer hay algo del amor de Dios. "Es necesario que nuestro amor se manifieste sin límites" afirmó la reina Fabiola en ocasión de sus 60 años.

"Sé que en cada uno de vosotros se esconde un misterio y un tesoro que estáis llamados a descubrir... Descubramos juntos, primeramente, el más precioso tesoro que tiene la particularidad de no acabarse nunca. Existe en cada uno de nosotros una capacidad ilimitada de amar, de alegrarse y de esperar. Esta capacidad es una verdadera potencia que puede y debe crecer hasta el día de nuestro último aliento, a condición de utilizarlo sin cesar. Todos podemos hacer la experiencia de amar, no sólo a aquellos que nos dan ternura y afecto. Es necesario que nuestro amor se irradie sin límites, que se dé a cada uno, sea cual fuera su edad, su color de piel, su medio, su salud o que sea simpático o no.

¿Pero cómo podemos amar a todo el mundo, verdadera y concretamente?, se preguntarán. Creo que hay mil maneras de amar y que, mientras descubramos este arte maravilloso y esencial, más comprenderemos que amar es servir, pensar primero en los otros, olvidando los propios miedos, compartiendo, dando alegría siempre.

Es una fuente inagotable de vida que tenemos y podemos dar y recibir, seamos pobres o ricos, jóvenes o viejos, sanos o enfermos. Cuando experimentamos esta fuerza interior más fuerte que la de las armas, que continuará después de la muerte, encontramos el sentido de la vida. El misterio se esclarece en nosotros poco a poco, y nos invade la alegría."

La mujer, que tiene la misión de mantener siempre encendida la luz, es el alma de la casa. Cuando el hombre entra, siente una presencia, una vida. Si ella no quiere crear ese hogar para los hijos y el marido, no permite la eclosión de la vida, y toda la sociedad se resiente. Ella es el corazón.

Cuando el hombre es atraído fuera del hogar, si ella permanece fiel y amante hasta el fin, la pareja se salvará, pero si la mujer pierde el amor, el fuego se apaga. Si la fe y la esperanza del hombre no están allí para tomar la posta, todo termina. Ella debe ser siempre amante hasta que el amor se despierte en el corazón del otro, ésa es su vocación.

Para las mujeres consagradas a Dios, las esposas de Cristo, la realidad es la misma, sólo que se concreta de manera diferente.

"No es bueno que el hombre esté solo" (Gn 2, 18).

Por eso *"el hombre dejará a su padre y a su madre y se unirá a su mujer"* (Gn 2, 24).

Para ser esposo, el varón debe dejar a sus padres y crear su propio hogar. La mujer es la casa del hombre y el receptáculo de Dios. Lo físico simboliza lo espiritual: el cuerpo de la mujer está ordenado para recibir, para la ternura y el amor. En ella el marido encuentra su felicidad.

El matrimonio es el signo sensible y universal del amor tal como Dios lo quiso, para significar su amor por la Iglesia. Cristo ama la Iglesia hasta dar su vida por ella, restableciendo la alianza de Dios con los hombres, renueva la alianza del hombre y de la mujer.

Si es verdad que la caída volvió imposible la armonía original de la pareja, en Cristo la armonía vuelve a ser posible. Pero no olvidemos que fue la Cruz la que nos obtuvo esta Nueva Alianza. Dios nos da la gracia de participar en la Cruz asociándonos así también a la Redención.

La mutua sumisión de los esposos

En este hermoso texto de Pablo, encontramos la manera en que los esposos pueden y deben vivir el amor, cada uno según su vocación y también en su relación con el mundo y con Dios.

"Sed sumisos los unos a los otros en el temor de Cristo. Que las mujeres sean sumisas a sus maridos como al Señor, porque para la mujer, el marido es la cabeza, como para la Iglesia Cristo es la cabeza, el que es el salvador de su Cuerpo. Lo mismo que la Iglesia es sumisa a su esposo, las mujeres deben serlo a sus maridos en todas las cosas. Maridos, amad a vuestras mujeres, como Cristo amó a la Iglesia y se entregó por ella. Él quería hacerla santa purificándola por el baño del bautismo y la Palabra de Vida; porque quería presentársela resplandeciente, sin manchas ni arrugas, la quería santa e irreprochable. Así el marido debe amar a su mujer, como a su propio cuerpo. Aquel

que ama a su mujer se ama a sí mismo. Jamás una persona despracia su cuerpo, al contrario, lo alimenta y lo cuida. Es lo que hace Cristo por la Iglesia, porque somos miembros de su cuerpo. Por eso el hombre dejará a su padre y su madre, se unirá a su mujer y los dos serán una sola carne. Éste es un gran misterio, lo digo del amor de Cristo y la Iglesia. Volviendo a vosotros, que cada uno ame su mujer como a sí mismo y que la mujer respete a su marido" (Ef 5, 21-33).

"Sed sumisos los unos a los otros en el temor de Cristo" y, san Pablo agrega inmediatamente, para que no haya equivocaciones, *"que las mujeres sean con sus maridos como con el Señor"*. Pablo hace de la sumisión una exigencia tanto para la mujer como para el varón, pero la sumisión mutua se enraíza en la de la mujer. ¿Cómo puede un marido someterse a su mujer sin ser dominado, si ella no le es sumisa primero?

El equilibrio roto por la caída puede ser reencontrado sólo en el don de sí mismo a Dios y en el don desinteresado al otro. La sumisión amorosa, única vía a la santidad, engendra el respeto del otro. En efecto, el varón es subyugado por la santidad que viene de la sumisión y se vuelve mucho más atento a complacer a su mujer, como también a sus intuiciones y a sus consejos.

De lo contrario, cada uno se agota en un tire y afloje que esteriliza a la pareja, en una carrera por el poder de la que pueden testimoniar la mayoría de las reivindicaciones feministas aunque, en la mayoría de los casos, ellas han nacido del sufrimiento causado por situaciones de flagrante injusticia.

Hay otro camino para instaurar relaciones nuevas, para reencontrar el equilibrio armonioso que había antes de la caída; es el camino evangélico del renunciamiento a uno mismo por amor al otro. Y en este camino la mujer va primera, es ella la que introduce al hombre en este tipo de relación, que no es una búsqueda de uno mismo dominando al otro, sino un don de sí para el otro.

Poco a poco, el Señor modeló mi corazón, lo purificó. Llevaba con amor el secreto de Dios y el deseo de la conversión de mi marido, la certeza de que debía hacerlo nacer a la vida de Dios. No más violencia ni brusquedad hacia él. Lo acompañaba en las recepciones y en las salidas nocturnas, pero yo iba con Jesús y todo cambiaba. María se adueñaba de mi corazón para borrar a Eva y, cuanto más entraba Jesús en mi corazón, más amaba a Bertrand. Pero también comprendía la necesidad que yo tenía de hacerlo hombre, esposo y padre. Víctimas los dos de movimientos feministas, nos repartíamos, en nombre de un dudoso respeto, los tiempos de autoridad en el matrimonio. Poco a poco, fui comprendiendo el tema de la sumisión de la mujer a su marido. Nunca actuar sola, en nombre de la libertad o de una certeza interior, sino someter a aquel que Dios me dio para amar, toda intuición y todo deseo. Su espíritu científico, y la sabiduría del hombre, encauzaron mis entusiasmos afectivos o mis intuiciones justas pero demasiado llenas de detalles que hacían perder lo esencial. Curiosamente, obedeciendo a mi marido, obedecía a Dios, o, mejor dicho, escuchaba a Dios y mi marido me guiaba. Tenemos siempre necesidad de guía espiritual y, entregándome a Bertrand, el Señor me llena el corazón.

La sumisión de la mujer es redentora; por la desobediencia la mujer lleva la humanidad a la desgracia, por su sumisión y su oblación, Dios puede encaminar a la humanidad hacia la Redención.

Sumisión y humildad

Sumisión y humildad están íntimamente unidas. Dos características propias que la mujer ha sido tentada de abandonar porque evocan una imagen poco atrayente, presentándola como un ser sin consistencia ni personalidad. El jansenismo dejó una imagen tan pobre y repulsiva de la virtud que es comprensible que no atraiga a nadie. Es el momento de barrer esas concepciones erróneas y antievangélicas de la vida con Dios, que es la más apasionante aventura, la única aventura que vale la pena vivir y por la que vale la pena dar la vida.

El humilde no tiene nada que ver con el acomplejado, o con el que se desprecia a sí mismo. Es aquel que vive bajo la mirada de Dios, es lúcido en los juicios sobre sí mismo, sobre sus dones como sobre sus debilidades, y no se adueña de su ser, sabiendo que todo le viene de Dios. No rechaza su parte de mérito en la gloria, pero da gloria a Dios; como María en la Anunciación, sin vanagloriarse proclama: *"el Todopoderoso ha hecho maravillas en mí, su nombre es Santo"* (Lc 1, 49).

De la misma manera puede gritar con el salmista: *"Gracias por la maravilla que soy"* (Sal 139, 14).

El humilde conoce sus límites, pero sabe que Dios puede todo en él. Esta humildad dulce y alegre es la que preside sus relaciones y engendra la paz; del corazón de la mujer, la paz se debe difundir sobre toda la familia y la sociedad. No es voluntad de Dios que la mujer rechace al hombre, o que ella quede bajo su poder. La mujer debe guardar siempre su dignidad, e imponer el respeto por su magnanimidad, dándose como lo manda Dios.

La sumisión es aceptable solamente si nuestra vida no nos pertenece, sino que pertenece a Dios. Si se la hemos dado en la sumisión que imita la de Jesús a la voluntad del Padre, en la certeza de que todos nuestros cabellos están contados, que Él es el dueño de los acontecimientos y que nada puede pasarnos sin su permiso. Es un acto de fe en la Encarnación, en la omnipotencia de Dios sobre el corazón del hombre. ¿Jesús no nos mostró el camino? Él, el Hijo de Dios, se sometió a las criaturas humanas.

Es muy interesante ver cómo Jesús reaccionó en algunas situaciones particulares, para extraer una norma para nuestra vida. Lo vemos con sus padres cuando se perdió en el Templo: *"bajó con ellos a Nazaret y les obedecía en todo"* (Lc 2, 51). Se habla de la sumisión de Jesús en el momento mismo en que sus padres no entienden lo que pasa. Ellos fueron sobrepasados por la situación. El Evangelio dice: *"pero ellos no comprendieron lo que les dijo"* (Lc 2, 50). A pesar de esta incomprensión, Él les obedecía, les estaba sometido.

Este texto nos enseña mucho, porque nosotros aceptamos someternos a aquellos que tienen razón, a alguien inteligente, a alguien que tiene experiencia o a quien sabemos que no se va a equivocar. En cambio, Jesús nos muestra el camino de una sumisión mucho más profunda, porque Él se sometió a sus padres, cuando ellos no habían comprendido toda la grandeza de su misión. Es el camino para aprender a someternos a la voluntad de Dios a través de seres limitados, que no nos comprenden o que están ciegos y no ven lo que somos nosotros por gracia de Dios.

Es el momento de hacer un gran acto de fe y de esperanza en la omnipotencia divina sobre el corazón del hombre, y creer que Él utiliza las debilidades de los otros, para trabajar en nuestra santificación.

Someterse es ubicarse bajo la protección del otro. Cuando la mujer se somete al hombre, es a Dios a quien ella se somete a través de los límites del hombre, en la esperanza de la realización de la voluntad de Dios.

Si Dios le dice *"el deseo te llevará hacia tu marido y él te dominara"* (Gn 3, 16), no es para vengarse y maldecirla, sino para salvarla, para darle el medio de entrar en el plan de salvación y participar en la Redención de la humanidad. Esto es parte de los misterios divinos que es inútil tratar de comprender con nuestra inteligencia solamente, pero que al vivirlos se pueden sondear.

La sumisión es una actitud de humildad que la mujer guardará en cada una de sus relaciones. Ella dará a luz así, en la sociedad, esta disposición del corazón que es profundo respeto del otro y contraria a toda dominación.

"Igualmente, vosotras, mujeres, sed sumisas a vuestros maridos, para que, si incluso algunos no creen en la Palabra, sean ganados no por las palabras sino por la conducta de sus mujeres, al considerar vuestra conducta casta y respetuosa. Que vuestro adorno no esté en el exterior (...), sino en lo oculto del corazón, en la incorruptibilidad de un alma dulce y serena: esto es precioso ante Dios. Así se adornaban en otro tiempo las santas mujeres que esperaban en Dios, siendo sumisas a sus maridos" (1 P 3, 1-5).

La identidad de la mujer no está en lo que ella es capaz de hacer, pues todas las fuerzas del hombre también las encontramos en la mujer, aunque en proporciones diferentes. Es una cuestión del ser profundo, y la mujer, que tiene responsabilidades en la sociedad, debe adecuarse. Es evidente que ella no puede trabajar ni ejercer responsabilidades de la misma manera que el hombre. Ella debe ejercerlas como madre, no como un jefe que organiza y decide por todo el mundo, sino como alguien que da a cada uno su lugar y que sabe borrarse delante de sus hijos.

El hombre tiene necesidad de la mujer. Sólo por ella, el varón da todo lo que puede, porque sólo ella puede fecundar su fuerza viril. Si ella se ubica en este lugar de ayuda a su lado, juntos pueden dar fruto. La mujer que rechaza la semilla del hombre y quiere ser autosuficiente se condena a la esterilidad, ella y todo su entorno, privándolo de toda iniciativa.

La experiencia de Natalia es elocuente en este sentido:

En el trabajo, muchas cosas cambiaron desde que yo reencontré mi identidad de mujer y acepté mi papel al lado de los hombres. Soy asistente de dirección, precisamente lo que nunca quise ser: asistir, estar a la sombra, no tener la paternidad del trabajo, no ser reconocida, servir. Hoy no pienso igual, mi trabajo de asistente me permite codearme con hombres de muy alto nivel que están siempre en el foco de ataques detractores, son juzgados sin cesar, están siempre en la mira y nunca son aceptados. Comprendí que tenía un papel femenino de aprobación, de cohesión, de aliento, pero también de consejo. Hace poco tuve la ocasión de discutir con uno de los miembros de la dirección, y le di mi opinión sobre ciertos problemas. Poco después, vi que mi idea fue puesta en práctica, pero la paternidad de la idea fue desplazada; no me importó. Me dio gran satisfacción haber hecho esto con discreción, dar la energía, sentirme fuerte como un estratega. Continué apoyando la política de ese directivo, sinceramente, y le hice comprender que admiraba lo que estaba haciendo y que creía sinceramente en su éxito; era esto justamente lo que le faltaba, la adhesión total de una persona que le generara energía y confianza. Por supuesto que esta adhesión no excluye la crítica a eventuales errores, pero las bases están puestas para que no sean tomadas como un intento de desestabilizar; soy un copiloto, un acompañante. Hace una semana me enteré de que había sido nombrada asistente de la Dirección General.

La obediencia, un acto de fe, de esperanza y de amor

La sumisión implica la obediencia, la de Jesús sometido a la voluntad del Padre, *"obediente hasta la muerte, y muerte de cruz"* (Flp 2, 8).

La obediencia evangélica es un acto de amor que llama a la superación de uno mismo, que no tiene nada que ver con el servilismo que radica en el miedo o en formas desviadas de amor y que disminuyen al ser. La obediencia es conjuntamente un acto de Fe, de Esperanza y de Caridad.

Un acto de fe que no es una capitulación porque sea más fácil no luchar, sino la decisión de confiar en Dios mismo y no en un ser humano que sabemos débil. Es la "locura" del misterio de la Encarnación. La sumisión no es posible si toda nuestra vida no está puesta en las manos de Dios, que es el Maestro de la vida. En aquellos que Él ha puesto para dirigirnos, reconocemos los instrumentos de los que quiere y puede servirse para manifestarnos su voluntad.

Un acto de fe porque, siendo hijos de Dios por el bautismo, nuestra vida le pertenece. Sabemos que nuestro futuro está en sus manos, y no entre las de los hombres. No somos dependientes de sus caprichos, sino de la voluntad divina, en la seguridad de que *"todas las cosas cooperan al bien de los que lo aman"* (Rm 8, 28), y con la certeza de su triunfo sobre el mal. Entrando en esta sumisión a la voluntad del hombre, reflejo de la autoridad del Padre, la mujer entra en una sabiduría que no es humana ni razonable, sino divina.

La fe es una potencia extraordinaria que nos hace vivir como si viéramos lo invisible, nos hace anticipar las realidades del Reino de Dios, porque el Señor esta vivo y está *"con nosotros todos los días de nuestra vida hasta el fin del mundo"* (Mt 28, 20).

Es un acto de Esperanza porque sabemos en quién hemos creído, seguros de que sus promesas son verdaderas sin detenernos en lo que vemos, esperamos su realización, en la seguridad de que Dios quiere nuestra felicidad. La obediencia cristiana no tiene nada que ver con la resignación, porque ella sabe que el futuro será feliz y que la voluntad de Dios triunfará sea cual sea el camino tomado. Esta exclamación de Marthe Robin nos hace entrar en esa perspectiva: "Veo tan claramente su voluntad adorable realizarse a través de todas las cosas, hasta lo que no es querido por Él, que sólo puedo adorar y contemplar en silencio."

Sólo la esperanza justifica la obediencia, y permite la paciencia en la prueba y la perseverancia hasta ser escuchado.

En fin, es un acto de Amor, porque únicamente por amor se puede aceptar renunciar a uno mismo, a la propia voluntad. Una exigencia semejante sería estéril y desgastante vivida por obligación o por debilidad. Pero vivir en el amor amplía nuestro horizonte hasta el de Dios, y nos hace grandes y plenamente realizados. Nuestra felicidad está en entrar en la voluntad de Dios, que hizo todo con sabiduría y por amor.

Esta oración de san Francisco resume muy bien la vocación cristiana, y más particularmente la de la mujer llamada a poner en obras el poder del amor:

"Oh Señor, haz de mí un instrumento de tu Paz.
Donde haya odio, que yo ponga Amor.
Donde haya ofensa que yo ponga Perdón.
Donde haya discordia que yo ponga Unión.
Donde haya duda que yo ponga Fe.
Donde haya error, que yo ponga Verdad.
Donde haya desesperación, que yo ponga Esperanza.
Donde haya tristeza, que yo ponga Alegría.
Donde haya tinieblas, que yo ponga Luz.
Oh Maestro, que no busque tanto

ser consolado como consolar,
ser comprendido como comprender,
ser amado como amar. Porque es dando como se recibe,
perdonando como se es perdonado
Es muriendo a uno mismo como se renace a la Vida eterna."

Si falta el amor en torno a ella, la mujer es quien debe disminuir o reparar los daños y amar sin desanimarse. Cuando se instala la discordia en el hogar, ella es la primera que viene a restablecer la concordia y la unión de corazones a la que tanto aspira.

Así, el amor de la esposa encontrará su expresión más pura en la sumisión alegre a su esposo, enraizada en su condición de hija de Dios.

Como Jesús se anonadó y se puso por debajo de sus discípulos para lavarles los pies y hacerlos libres del pecado, dando vuelta así la concepción del maestro y del servidor, así la mujer inaugura un nuevo tipo de relación, poniéndose por debajo no en una actitud servil y masoquista, que la expondría a ser aplastada, sino recibiendo su dignidad de la mirada de Dios, y elevando al hombre, participando de manera íntima en la Redención.

Si el hombre es primero en el plano de la Creación, la mujer lo es en el de la Redención.

Entre ella y Dios hay como una connivencia, una complicidad. Ella participa en el nacimiento del hombre, en el nacimiento de la humanidad, uniéndose a Dios. Por el "SÍ" de María, la salvación entró en el mundo. Por el "SÍ" de la mujer, el mundo será salvado. Ella precede al hombre en la comprensión de los misterios divinos y, por la acogida del Verbo, da a luz al Reino. Ella muestra el camino. Por eso, dado su misión específica en el plan de Dios, la mujer debe cambiar primero.

III. A la mujer le toca cambiar primero

Sé que esta afirmación puede tener algo de insoportable e indignante para las mujeres, pero tengamos el coraje de escuchar y de comprender el porqué.

Esta actitud no tiene nada que ver con la resignación o la pasividad que se complace en un *modus vivendi* perezoso o complaciente.

Por el contrario, esta actitud requiere una gran fuerza del alma, de la misma manera que la no violencia no tiene nada que ver con la cobardía del que se esconde por miedo al peligro o por no afrontar el combate: el pacífico está dispuesto a dar su vida para que triunfe la paz.

Dar la vida es aceptar morir.

Pero ¿no hace falta más coraje para renunciar a uno mismo y dar la vida en los detalles, en lo cotidiano, que darla en un solo acto heroico?

Una de mis amigas me escribía hace poco:

> Rápidamente, me di cuenta al comienzo de mi matrimonio, de que la profunda unión a la que aspiraba no era fácil. A pesar de todo el amor que tenía por mi marido, nuestra comunión era muy frágil y nos peleábamos por detalles estúpidos e infantiles. Cada vez que esto sucedía, sentía que algo en mí se enfriaba, y cada vez que me dejaba llevar por mis sentimientos, me debilitaba, y me era cada vez más difícil volver; veía a mi marido alejarse y convertirse en un extraño.

> Era terrible: yo, que tenía ideas tan hermosas sobre el amor, rápidamente experimenté mis límites y los de mi marido, que no llegaba a aceptar.

Poco a poco, me fui convenciendo de que, si quería que mi marido cambiara, era yo la que tenía que cambiar primero. Sabía que era justo, pero no comprendía por qué. Decía en mi oración: "Señor, sé que es imposible cambiar a los otros, y lo único que puedo hacer es dejarme cambiar por Ti, ofrecerme a tu transformación, dejarte vivir en mí, para que, a través de mí, hagas tu voluntad."

Puedo decir ahora cuántas veces pude verificar en mi vida que esta actitud producía frutos invariablemente, ayudándome a superarme, a relativizar muchas cosas por las que no valía la pena perder la paz, y haciendo crecer el amor en mí.

Es el poder de transformación del amor, que no sólo nos cambia, sino que transforma a aquellos que están alrededor de nosotros. Es el sentido del precepto: *"Amad a vuestros enemigos"* (Mt 5, 44). Sólo nuestro amor puede tocarles el corazón.

¡Qué maravillosa esa capacidad de amar que habita el corazón de la mujer! Esto es lo que ella debe descubrir hoy, esta fuerza del amor que es más poderosa que todos los argumentos del mundo, que desarma los enemigos más terribles.

El amor es siempre vencedor.

Nunca perdemos cuando amamos.

Si sembramos Amor, recogeremos Amor.

El Amor da siempre fruto y, aunque no sea inmediatamente, termina siempre por triunfar.

Algunas lucharon toda su vida con fe, esperanza y caridad, al lado de un esposo que no compartía su fe o que estaba prisionero de una pasión (el dinero, la bebida, otra mujer, etc.) y, por su perseverancia, terminaron por ganar el corazón de su marido. Es lo que le pasó a Florencia:

Nos encontramos hace 17 años. Rápidamente, nos dimos cuenta de que nuestro matrimonio era un fracaso. Muy heridos por la vida, no podíamos hacer frente a las dificultades propias del matrimonio. Además, el Señor tenía poco lugar en nuestras vidas; solos no podíamos salir, tuvimos a pesar de todo cuatro hijos y, después de diez años de matrimonio, comencé a luchar contra un cáncer.

El Señor me curó, ése fue el primer llamado a seguirlo; durante varios años Él me llenó de su amor. Después, vino el momento en que Él quiso sanarme en mi vida de pareja. Durante mi infancia y mi adolescencia, me había visto obligada a luchar, a vivir a los golpes; eso me hizo independiente. Vivíamos uno al lado del otro, pero no el uno para el otro. Mi marido no representaba nada para mí, y yo tampoco para él. Fui invitada a un retiro sobre la belleza de la vocación de la mujer, pero no tenía ganas de ir, no quería que nadie viniera a remover el fango de mi fracaso; quería conservar mi independencia, pero me empujaron a participar. A través de las pláticas, el Señor me tocó hasta lo mas profundo del corazón, me di cuenta de que estaba equivocada queriendo cambiar a toda costa a mi marido. Comprendí que yo tenía que cambiar para él, y permitir al Señor sanar todas las heridas, que habían dejado en mí hondas cicatrices. Si confiaba mi marido al Señor, Él se encargaría de sanarlo.

En lugar de preocuparme por la mirada de los demás, el Señor me invitaba, en primer lugar, a ponerme bajo su mirada, a no reaccionar según la mirada de los otros, sino a ser yo misma con mis debilidades, mis pobrezas y mis límites, porque Él me amaba así. Pude aceptar entonces los límites de mi marido sin querer cambiarlo, sino teniendo el deseo de amarlo. Sabiendo y sintiéndome amada por Jesús, mi necesidad de amor se colmaba y podía amar a quien Dios había puesto en mi camino.

Al pasar de una madre sumisa a un marido sádico y violento, no quería oír hablar de sumisión; para mí era sinónimo de degradación y servilismo. Comprendí que a la palabra *sumisión*, había que agregarle la palabra *amor* y que la sumisión vivida en el amor con Jesús le permitía al otro renacer, dejándole su lugar de esposo y padre.

Habiendo quedado estéril después de la operación de cáncer, y viviendo mal mi menopausia precoz, después de una pesada quimioterapia, estaba muy herida en mi integridad de mujer.

¡Hubiera querido tanto tener otro hijo! Una palabra de la mujer que me acompañaba me ayudó a sanar esta herida: "Tú no eres estéril, tú puedes dar a luz haciendo revivir a tu marido, permitiéndole renacer a la vida, a él que no quiere vivir más."

Hoy mi marido se está curando de una enfermedad psicológica, nada más que porque yo lo "elevo", lo acepto tal cual es, le doy la ocasión de ser, a él que había sido rechazado por sus padres desde su infancia. Si los momentos difíciles reaparecen, me abandono en Aquel que me dio todo; entonces, la paz y la alegría toman el lugar de la amargura y el desaliento.

Nuestra vida de pareja, que estaba condenada al fracaso, está en su mejor momento. Después de 17 años de matrimonio, aprendemos a descubrirnos, a estimarnos, a amar al otro en sus diferencias, sus pobrezas y debilidades. Se ha instalado una confianza mutua que permite a mi marido confiarme sus dificultades y sufrimientos.

Para mí, no vivimos nuestra vida matrimonial de a dos, sino de a tres, porque el Señor está siempre con nosotros, entre nosotros.

Sin Él, yo no soy nada. Es importante volverse siempre hacia Él rezando todos los días, recibiendo los sacramentos, adorándolo y escuchando sus palabras y a los hermanos que pone en nuestro camino. No se puede salir de esto solos, pero para Dios no hay nada imposible, Él hace de nosotros hombres nuevos.

No transformaremos el mundo, si no nos dejamos transformar por Dios. Pero no hay transformación sin muerte. El gusano, para convertirse en mariposa, muere; la mujer debe morir a su deseo de dominar todo, para que la fuerza de Dios actúe en ella y a través de ella.

IV. El esposo y la esposa

El amor del hombre

El varón no conoce a la mujer si no se aproxima con profundo amor, e igualmente no se conoce a sí mismo, si no es amado.

Continuemos nuestra lectura de la carta a los Efesios (5, 25): *"Maridos, amad a vuestras mujeres, como Cristo amó la Iglesia, y se entregó por ella."*

Si la mujer es todo acogida, el hombre puede amarla hasta hacerle el don de su ser, a imagen del *"Hijo del Hombre que no vino a ser servido sino para servir y dar su vida en rescate por la multitud"* (Mt 20, 28). El hombre no se relaciona con un rival, sino con una ayuda en la que encontrará el ser y la presencia. El esposo puede darse sin reservas si la esposa le es sumisa.

¡Darse, entregarse, supone una gran calidad de amor! Y hasta dar la vida. Él debe amarla como a su propio cuerpo, como a sí mismo, alimentarla y cuidarla.

Puede sorprender que hayamos hablado tanto sobre el deber de sumisión de la mujer, y que nos hayamos detenido tan poco en el deber del marido, como si hubiéramos olvidado leer la segunda parte. La exigencia de superación de sí mismo es tan fuerte para uno como para el otro, y tiene en cuenta sus respectivas psicologías.

Al hombre se le ordena amar, no porque ame menos, sino porque tiene menos necesidad de manifestarlo, tiene más pudor para manifestar sus sentimientos, como si tuviera miedo de reconocer una debilidad y que su mujer se aprovechara para dominarlo.

Él tiene dificultad para comprender la sed insaciable que tiene la mujer de escuchar siempre "te amo", reclamando siempre pruebas de amor. ¡Él creía haberle dicho ya que la quería!

El Señor plantea también esta pregunta al hombre a través de Simón: *"¿Me amas más que estos?"* Y Simón le respondió tres veces: *"Señor, tú sabes que te quiero"* (Jn 21, 15-17).

El texto original pregunta de otra manera, Jesús pregunta: *"¿Me amas?"*, y Simón responde; *"Te quiero."* Jesús preguntó tres veces para ayudar a Simón a pasar a su mismo grado de amor.

La mujer plantea siempre esta pregunta al marido, como si, inconscientemente, ella percibiera una falta de amor del hombre y quisiera elevarlo al más alto grado de comunión.

Pero la pareja no puede conformarse con vivir tranquilamente; si el amor queda estático, disminuye. Es necesario reavivar la llama sin cesar, multiplicar los actos de amor, para que crezca y se profundice.

La esposa espera el amor del esposo. El esposo espera de la esposa la perfección.

"Él la quiso santa e irreprochable" (Ef 5, 27).

Hay en el hombre ese deseo de reencontrar a la mujer perfecta, para poder descansar en paz en ella. *"La mujer perfecta, ¿quién puede encontrarla? ¡Ella es infinitamente más preciosa que las perlas!"*, dice el libro de los Proverbios (31, 10), y Ben Sirac el Sabio (26, 1): *"Feliz el hombre que ha encontrado a una buena esposa, su vida será dos veces más hermosa."*

Esta búsqueda de la perfección es como la búsqueda inconsciente de la admiración original, la del momento del primer encuentro. El hombre quiere redescubrir a la mujer tal como Dios se la había dado. Además, le resultan incomprensibles sus reacciones imprevisibles y sus complicaciones. A las exigencias de amor de la mujer, él responde con una exigencia de santidad que, vivida en el amor, es una gracia. El que ama no puede contentarse con un mínimo, con un *modus vivendi* que deje a cada uno en su egoísmo y mediocridad.

¡El amor debe transformar o no es amor!

El matrimonio es la unión de dos seres para crecer en el amor, hacia la santidad. Y no un don condicionado, un compromiso al estilo de "si me lavas los platos, yo barro el comedor".

"El que ama a su esposa, se ama a sí mismo" (Ef 5, 28).

¡Que el hombre no se equivoque! Si quiere su propio bien, que ame con todo su corazón a su mujer, con un amor tierno y fuerte, sin complacencia con sus debilidades, confiando en que lo mejor de ella es su aspiración a lo alto.

Si el hombre tiene el deber de amar a su mujer, es necesario que ella se abra a su amor. Pero pasa a veces que, herida porque esperaba otra cosa, ella se cierra y no sabe recibir lo que él quiere darle, dejándolo infeliz y desamparado.

¿Cuáles son esos obstáculos que rompen el don del amor entre los esposos?

Reconocer la diferencia

Es fundamental conocer la diferencia ontológica entre el hombre y la mujer, que se manifiesta de manera evidente en sus psicologías.

En un momento en que la sociedad hace todo lo posible por abolir la diferencia entre los sexos y se encamina hacia un ser andrógino, debemos tomar conciencia de nuestra identidad de varón y mujer, de nuestra especificidad, si no queremos basar nuestras relaciones en malentendidos y exponernos a muchos sufrimientos.

El varón y la mujer fueron creados iguales en dignidad, pero diferentes, y es infantil negarlo bajo el pretexto de la igualdad. Reconocer las diferencias es esencial a toda relación humana, para no proyectarse en el otro y reducir todo a uno mismo. Pero como todo esto nos angustia, y amamos nuestra seguridad, hacemos todo por eliminar las diferencias o por no enfrentarnos con ellas. Es la raíz de todo racismo, sexismo, etc. Tenemos un rechazo visceral de todo lo que nos es extraño.

Tenemos miedo de la diferencia, porque no estamos seguros de nosotros mismos. Cuando nos confrontamos con el otro, nos sentimos agredidos porque tememos que nos aplaste, que algo muera en nosotros.

Podemos subrayar que fue la caída la que transformó la complementariedad en esta diferencia percibida como desigualdad.

Muchos varones y mujeres se sienten extraños en la familia del cónyuge y lo viven dolorosamente, sobre todo cuando uno de ellos no ha cortado todavía el cordón umbilical, o sea, no dejó todavía a su padre o su madre. En la relación entre el hombre y la mujer, a menudo el hombre es un extraño para la mujer y la mujer una extraña para el hombre.

Pongamos estas relaciones a la luz de la mirada de Jesús para abrir nuestro corazón al otro y abrirnos a su diferencia, en lugar de tenerle miedo; entonces, esta diferencia nos enriquecerá.

Sólo cuando la mujer se cura de este miedo, puede salir de ella misma y darse verdaderamente en el amor.

La mujer es su propio centro. En el don generoso y sin cálculos de todo su ser, generalmente es herida porque le parece que su amor no es recibido como ella quisiera. El hombre parece ausente, preocupado por cosas más importantes, no percibe su espera y, cuando se vuelve hacia ella, ella se cerró de nuevo en su cascarón para protegerse.

"El varón está totalmente absorbido por 'su causa', leemos en *La mujer eterna.*"[6] Su vocación, que lo llama a ejercer una acción sobre el mundo para ganar su "pan", lo lleva a esperar de los otros una ayuda y una colaboración, que lo hace poco abierto a las preocupaciones de los otros. Mientras que, por el trabajo, él muestra el amor por los suyos, asegurándoles la subsistencia, a la vez el trabajo lo aleja de los suyos porque no sabe captar sus esperanzas. Él se desconcierta delante de la mujer, no puede seguir los meandros de su psicología. Más simple y directo, él va derecho a lo esencial sin per-

---

[6] Gertrude Von le Fort.

derse en los detalles, y no comprende por qué repentinamente todo parece tan complicado, ni lo que ella puede reprocharle. La importancia de las pequeñas cosas que aportan un poco de dulzura y de ternura a la dureza de la vida, se le escapan mas fácil que a la mujer, que percibe inmediatamente, como María en Caná, las necesidades y sufrimientos de los otros.

En efecto, ella entra espontáneamente en los problemas que le son ajenos, porque comulga con las necesidades de los que ama. Sus intereses, los lleva en el corazón, en el centro de ella misma; por el contrario, el hombre es siempre solicitado por lo que le es exterior. En realidad, son dos egoísmos que se encuentran, el de la mujer, llevando todo a su interior, y el del hombre, preocupado por sus obras. Para el uno como para el otro, la sanación está en el don desinteresado de sí, para la felicidad del otro.

En el momento de las dificultades, el varón y la mujer no reaccionan de la misma manera. El varón, realizándose hacia fuera, tiene más recursos para salir de sí mismo y asumir su sufrimiento. Olvida más fácilmente, metiéndose en su trabajo o en la creación artística. Las obras más hermosas de los artistas nacieron en medio de los sufrimientos más terribles.

En cuanto a la mujer, cuya realización se opera en su interior, cuando allí es tocada, ella se anonada, y le es mucho más difícil tomar distancia de su propio sufrimiento. Ella se vacía de su propia vida, lucha interiormente y se fatiga hasta agotar todas sus energías, y puede hasta dejarse morir. Se agota y la menor cosa le exige un esfuerzo considerable.

Está escrito: *"Ella será salvada por la maternidad."*

Porque la maternidad física o espiritual es lo único que la hace capaz de salir de ella misma, de hacerla olvidarse de sí, para pensar en aquellos que le son confiados. He visto a mujeres completamente quebradas por situaciones difíciles encontrar fuerzas para permanecer de pie dándose a sus hijos.

La fusión de los seres no deja lugar a Dios

Otro peligro para el amor de los esposos es esperar uno del otro lo que sólo Dios puede dar; para la mujer, sobre todo, es creer que el amor de su esposo puede responder a todas sus aspiraciones. Esto para el hombre es una prueba, ya que se siente incapaz de satisfacerla. Este deseo de fusión no deja lugar para Dios. Hace falta una distancia, un espacio para el Señor que hace fecundo el amor.

En la unión de todo su ser con Dios, ella va a convertirse verdaderamente en esposa; de lo contrario, se queda en un estado de dependencia del hombre que la hace sufrir terriblemente, y la deja siempre en su sueño de unión perfecta.

La tentación es transferir sobre los hijos ese deseo de fusión y tener con ellos relaciones de dependencia que no les permiten crecer.

Otra fuente de malentendidos es creer que el matrimonio es un remedio para la soledad existencial. No puede serlo, porque esta soledad es inherente a la condición humana, y puede ser llenada sólo por Dios. Es una ilusión que puede acarrear una dolorosa decepción entre los esposos.

La vida consagrada

"Hasta el infinito yo tengo necesidad de amar", decía santa Teresita, y esto traduce bien la inmensidad que hay en el corazón de la mujer.

Este deseo de la mujer de darse totalmente al otro es para ella un riesgo de esclavitud y ningún ser humano puede recibir tal don. Sólo Dios puede recibirlo sin que el otro se pierda. Por otro lado, aunque parezca paradójico, la vida consagrada es más conforme a la aspiración de la mujer, porque le permite encontrar plena satisfacción. En Cristo, podemos decir, no hay más ni mujer ni varón, el consagrado conoce la misma plenitud.

Cuando hablamos sobre la gracia de ser esposa, una contemplativa me abrió su corazón:

Cuando descubrí que Cristo verdaderamente había resucitado, que no era ni una leyenda ni un símbolo, sino que estaba vivo para siempre, que me amaba, no pude hacer otra cosa que consagrarle mi vida.

Amaba tanto la vida que hizo falta toda la fuerza de su amor para que yo fuera capaz de renunciar a las alegrías tan legítimas del matrimonio y la maternidad. No quería otra cosa que unirme a Él ser su esposa. Me imaginaba que esto se manifestaría en un éxtasis o en arrebatos de alegría. Pero ese sentimiento tan vivo y dulce de su presencia, con que Él me había gratificado para atraerme, poco a poco fue disminuyendo para dejar lugar al dolor de la ausencia.

Todo mi ser que tenía tanta necesidad de amar y ser amado, era un grito de mujer abandonada. Un día encontré providencialmente esta frase: "Hay intercambios amorosos que se hacen sólo sobre la cruz." Tuve como una inspiración. Comprendí que en medio de este dolor debía unirme a Él, debía desposarlo. Tenía que recibir todo de Él y unirme a Él en el sufrimiento como en la alegría, en las contradicciones como en las bendiciones, en los fracasos como en los triunfos.

Desde ese momento fui plenificada.

Sea soltera, consagrada o casada, la mujer es llamada a ser esposa, al don total de sí, primero a Dios y después a su marido y sus hijos si es casada o a los demás en general si no lo es.

La experiencia de esta joven mujer es una confirmación de lo que decimos:

Tenía la costumbre el día de ciertas fiestas, de pedirle algún regalo al Señor. Le dije: "Yo quiero hacerte un regalo esta vez, me consagro a ti." Era una palabra que no ofrecía aparentemente ninguna dificultad, consagrarme a alguien, me parecía que era una especie de misterio, me parecía que esto me superaba, que iba a descubrir algo a través de esa palabra. ¿Que podía significar consagrarse a Dios? Ignoraba lo que significaba pero deseaba ardientemente hacerlo. Era el mes de agosto, el día de mi cumpleaños. Tres días después, mi suegra me recibió en la puerta de casa, excitadísima, diciéndome: "Ven a ver algo sorprendente, el cerezo floreció hace tres días." Efectivamente, el cerezo estaba cubierto de flores. Yo no dije nada. Pero para mí el cerezo siempre fue el árbol de los esponsales, y sentí que el Señor me había hecho este regalo; me daba el signo sensible de que había escuchado mi oración, y presentía que había sido Él quien me había sugerido esa oración. En todo caso, ésa fue una respuesta que no podré olvidar, un signo sobre el que podré apoyarme siempre, y esto llegó a ser muy importante en los años que vinieron, porque las dificultades fueron creciendo y siendo cada vez más pesadas, más radicales y desequilibrantes. El día de mi consagración, la conversación con mi marido se orientó hacia nuestra relación. Él me decía que yo tenía que preferirlo a todo, que él tenía que ser lo primero para mí. Yo no le dije que ese día me consagraba a Dios. No le pude explicar todo, pero le dije que para mí era necesario que el Señor fuera el primero, para poder amarlo mejor a él. Él no estaba de acuerdo, no comprendía, pero no se enojó, más bien parecía reflexionar. Un día, yendo a misa, encontré a una joven religiosa africana a quien llevé en mi automóvil. Ella me dijo que se había consagrado al Señor cuando era muy joven, a los 16 años, y que a esa edad ella era absolutamente incapaz de saber a qué se comprometía, y que era legítimo para ella un replanteo, porque pensaba casarse. Yo le dije: "Pero ¿la consagración no es algo que nos supera siempre?" Y le hablé de mi consagración personal y de esa respuesta que el Señor me había dado en el cerezo. Yo conducía, en ese momento, me volví hacia ella, y su piel negra, bella y brillante cambió de aspecto súbitamente; parecía muy turbada y no dijo nada, pero en los meses siguiente supe 'que ella y su amigo se habían separado y que ella había reencontrado la alegría de ser toda de Dios.

Juan Pablo II, en su carta sobre la dignidad de la mujer (*Mulieris dignitatem*) del 15 de agosto de 1988, declara:

"La dignidad de la mujer esta íntimamente unida al amor que

ella recibe en razón de su femineidad y, por lo tanto, al amor que ella da a su vez... La mujer no puede encontrarse a sí misma si no es dando su amor a los otros.

No se puede comprender la virginidad, la consagración de la mujer, sin apelar al amor esponsal; en este amor, la persona se hace don para el otro.

La predisposición innata de la personalidad femenina a la condición de esposa encuentra una respuesta en la virginidad así comprendida.

La mujer, llamada desde el 'comienzo' a ser amada y a amar, en la vocación a la virginidad encuentra a Cristo, el Redentor, que amó hasta el extremo del don total de sí, y ella responde a este amor con la entrega desinteresada de toda su vida. Ella se da al esposo, y el don de su persona tiende a una unión de carácter propiamente espiritual: por la acción del Espíritu Santo, ella se convierte en 'un solo espíritu' con Cristo Esposo.

No se puede comparar todo esto con el solo hecho de quedarse soltero, porque la virginidad no se limita al 'no', sino que significa un 'sí' profundo en el orden esponsal; el don de sí para amar de manera total y sin límites.

La mujer es 'desposada', sea en el sacramento del matrimonio, sea espiritualmente en el matrimonio con Cristo. En uno y otro caso, el matrimonio muestra el don desinteresado de la persona, de la esposa al esposo."

El amor y la cruz

"Amor, tú eres fuerte, tú eres bello, tú eres poderoso", decía Inés de Langeac.

Uno de nuestros mayores problemas es que soñamos en vez de vivir. En vez de aferrarnos a la realidad, de aceptarla con los brazos abiertos, de poner los pies en la tierra para lanzarnos hacia el cielo, vivimos en el mundo de nuestras ideas, de nuestras utopías, y nos pasamos la vida de ilusión en desilusión, sin comprender nada de lo que nos pasa.

El que dice "sí" al amor sin prepararse para sufrir, para morir, sin pensar que comienza una ascensión maravillosa pero arriesgada, y que tendrá que despojarse de muchas cosas en el curso del ascenso si quiere llegar a la cima, va hacia un fracaso.

Queremos amar, pero no queremos sufrir

Queremos el amor pero no queremos la cruz, pero no hay amor sin cruz.

La cruz es la prueba más grande del amor de Dios por la humanidad, porque Él llegó hasta dar su vida para salvarnos de la muerte y la infelicidad.

"No hay amor más grande que dar la vida por aquellos que amamos" (Jn 15, 13). *"Él nos mostró el camino para que sigamos sus huellas"* (1 P 2, 21).

Una joven con la que compartí mucho durante un retiro, me escribió unos meses después:

> Siempre tuve una sed insaciable de amar y ser amada. Desde que conocí a mi marido, no dejé de pedirle a Dios amarlo cada día más. Como toda mujer tenía una idea muy elevada del amor y el matrimonio, y me parecía sorprendente que esto no se verificara en la realidad con la misma claridad que en mi mente. Después de muchos años en que mi única preocupación era amar cada día más, salió de mi corazón esta oración que no había pensado: "Señor, dame el más alto grado de amor." Esto parecía pretencioso, pero lo dije sin pensar. Yo no sabía cuál era ese grado de amor, y sólo después de muchos años de entrega, la respuesta fue como una evidencia: *"No hay mayor amor que dar su vida por aquellos que amamos."*
>
> Comprendí poco a poco, lo que significa *"dar la vida por los que amamos"*. Antes, esperaba algo que no llegaba nunca, me parecía que faltaba muy poco para que estuviera en plenitud, pero este

poco me parecía que Dios no quería dármelo y me dejaba con mi sed. Él quería plenificarme de otra manera, en el don de mí misma, en la renuncia a toda expectativa egoísta, para pensar y buscar sólo la felicidad de los otros. Tenía cada día más ganas de gustar a mi marido, buscar lo que era mejor para él, lo que le daría más alegría, que lo plenificaría más. Cuanto más renunciaba a mi interés personal, crecía nuestra unión; más sacrificios hacía por amor a él, más feliz me sentía en lo profundo de mi corazón, y más dispuesta estaba a recibir todo el amor que él me daba. Este don total de mi vida me liberó de toda espera angustiosa y me hizo capaz de recibir el amor, no como yo deseaba, sino como don gratuito de Dios.

"Amar es dar todo y darse todo", decía santa Teresita.

En el fondo tenemos miedo de darnos, porque tenemos miedo de perdernos, y de morir. Queremos crecer, pero crecen el egoísmo, el deseo de dominar, de hacer prevalecer la propia voluntad.

¿Y si esta muerte no fuera una muerte, sino un intercambio, una transfusión de Vida?

La muerte por la muerte es insensata y enfermiza; en ese caso, *"comamos y bebamos que mañana moriremos"* (1 Co 15, 32).

Cuando renunciamos a nosotros mismos, si no cambiamos nuestra nada por su todo, si no cambiamos nuestra muerte por su Vida, somos masoquistas y nos complacemos en el dolor.

Sólo el que renuncia a sí mismo para dejarle todo el lugar a Dios cumple esta palabra:

"No soy yo, sino Cristo que vive en mí" (Ga 2, 20).

Cuando Cristo vive en nosotros, es evidente que todas nuestras relaciones se transforman y no nos preocupa ser dominados o dominar, sino unirnos en el amor.

La purificación del amor

Para no exponerse a desilusiones cuando llega la prueba, es necesario saber que toda relación pasa por la purificación. Cuando nuestra luz encuentra la luz del otro es un anticipo del Cielo, porque se nos aparece en la luz de Dios, en la transparencia. No vemos ya sus debilidades o no nos inquietan y, si las vemos, no nos perturban. Es lo que pasa en el momento del encuentro.

La imposibilidad de comunicarse

Pero llega el momento en que nuestra luz encuentra las tinieblas del otro: es la experiencia del Purgatorio. Es muy doloroso, pero siempre se nos da la fuerza para asumirlo. Y cuando nuestras tinieblas encuentran las tinieblas del otro, cuando nuestra herida encuentra su herida, es el Infierno. El Infierno es la separación total y definitiva de Dios y de los otros. A veces, se hace esta experiencia en la separación de los corazones precediendo generalmente la separación física. Nos encontramos en una situación irracional donde se hace imposible comunicarnos, donde todos los esfuerzos chocan contra un muro de incomprensión y donde lo único que nos queda es cerrarnos en el silencio y refugiarnos en el corazón de Jesús, poniéndonos totalmente en sus manos. Personas que se amaban profundamente, por un malentendido, pueden convertirse en los peores enemigos, haciéndose sufrir mutuamente, sin desearlo. Cada vez que uno quiere dirigirse al otro choca con su rechazo, y así recíprocamente. Parece que han caído en la arena movediza: el menor movimiento los hace hundirse más. No hay que moverse, sobre todo no hay que hablar; todo intento humano sería un fracaso, es el momento de la espera en silencio, de la confianza en la ayuda de Dios.

Es lo que nos cuenta Gabriela:

Mi marido viene de una familia monoparental y yo de una familia separada. Durante el curso de preparación al matrimonio, pude concluir que nos casábamos siempre con alguien inacabado y que, con la ayuda de Dios, un ser nuevo debe surgir, que la pareja forma una identidad propia, nueva, en el seno de la cual cada uno tiene su vocación particular, sus riquezas propias, y cada uno tiene que ayudar al otro a sacar de sí lo mejor y descubrir su propia vocación.

Vivimos un noviazgo lleno de esperanza e ilusión, pero personalmente, desde el día siguiente al matrimonio comencé a sentir una inmensa decepción. No era el mismo hombre que había desposado. Parecía que no podíamos comprendernos con palabras. No me podía hacer comprender; no podía explicar ciertas cosas, sentía que no era comprendida. Comprobaba cómo el peso de las heridas de la infancia pueden ahogar a alguien, haciéndole insoportable la toma de conciencia de un pequeño detalle de la vida de todos los días. Pero rápidamente se anunció el primer niño. Yo pensaba que este casamiento era un error, quería irme y, cuando supe que este niño venía y que se encontraría con una familia monoparental o separada, me sentí atrapada por él. No había solución, me parecía imposible vivir así el matrimonio. La separación me parecía imposible a causa del niño, entonces tomé la decisión de vivir día por día.

Varios años después, luego de vivir un tiempo muy difícil durante el cual había intentado todo sin resultado y estaba decidida a irme porque no veía otra salida, escuché estas palabras en mi corazón: "No has intentado todo, no me dejaste hacer a Mí." Todos esos años yo pensé que dejaba hacer a Dios porque trataba de buena fe de practicar su Palabra y los consejos recibidos. Respondí: "Está bien, haz lo que quieras." Pasaron las semanas y los meses. No sé si pensaba en estas palabras, pero en junio estaba de nuevo decidida a dejar a mi marido, cuando mi hermano murió en un accidente de auto; esperábamos su cuerpo, estaba muy triste pero como tenía que preparar la comida, me fui a hacer las compras. Y en ese momento, cuando atravesaba la calle, me sentí inundada de alegría, y una voz en mi interior me dijo: "Bendice al Señor por tu marido." No es del tipo de cosas que podía venirme al espíritu en ese momento; sin saber cómo evolucionaría todo, volví a casa decidida a no irme. Durante los años siguientes, fue una lucha; muy regularmente los sábados, tenía la tentación de partir. Iba a misa el domingo y durante la Eucaristía decía de nuevo "sí" al Señor, para recomenzar el lunes, y recaer viernes y sábado. Creo que de Eucaristía en Eucaristía el Señor me retuvo en mi casa.

Las reconciliaciones más profundas se hacen en el silencio. ¡Pero qué difícil! Queremos resolver todo, rápidamente, y en general lo único que hacemos es complicar las cosas, porque nuestro corazón no es puro. Sólo Dios, si nos ponemos en sus manos, puede llegar al fondo del laberinto. Pero debemos tener la humildad de reconocer que no somos dueños de la situación, que todos nuestros esfuerzos son ineficaces.

La prueba de la verdad

Muchas veces amamos proyecciones o imágenes de nosotros mismos; no amamos al otro como es sino como nosotros quisiéramos que fuera. Las relaciones de los esposos muchas veces se fundan en ilusiones; es necesario que pasen por el fuego para que se amen de verdad.

Cuando me preguntan cuál es el aprendizaje más importante que hice en dieciséis años de vida comunitaria, digo: "Hemos aprendido a amarnos de verdad."

En la vida comunitaria como en la vida conyugal, es difícil mantener mucho tiempo una ilusión. Es imposible engañar, enseguida nos encontramos confrontados con la realidad, con la verdad del otro y con la propia.

Descubrimos en nuestro corazón reacciones insospechadas que nos avergüenzan y que no aceptamos, como no aceptamos las que descubrimos en el corazón del otro.

Esta verdad es muy hiriente y se vive como una traición, porque uno tiene la impresión de que se ha equivocado.

Hoy, cuando la gente llega a este punto, huye. Cada uno se encierra en su gueto eligiendo a aquellos que se le parecen para no cuestionarse. Al no comprometerse con nadie uno puede irse y alejarse cuando surge la dificultad.

La verdad se revela a veces de manera graciosa.

En medio de una profesión de fe me pasó algo inesperado, como una revelación para mí, que me mostró cómo tenía que aceptar a mi marido de parte de Dios.

Ese día la Iglesia estaba llena y mucha gente no había encontrado lugar donde sentarse. Un adulto, visiblemente discapacitado mental, se abrió camino entre la multitud, se puso delante de mí y se sentó en mis rodillas. Era tan cómico que todo el mundo se puso a reír, pero tuve la impresión de que ese adulto discapacitado venía a reposar en mi regazo como un niño en brazos de su madre, y pensé que tenía que recibir a mi marido como a un niño herido a causa de ciertos aspectos de su vida pasada. Dios tiene el poder de sanar, de cambiar, de transformar las piedras en hijos de Abraham, pero puede ser que Él quiera que yo acoja a mi marido de esta manera. No fue una palabra sabia, fue un acto profético.

La infidelidad

El amor pasa por purificaciones, pasa también por crisis que pueden llegar a la infidelidad. Estas crisis son vividas de maneras diferentes en el varón y en la mujer.

En general, la mujer se derrumba cuando descubre la infidelidad de su marido y trata de resolver el problema discutiendo. Está herida y por eso hiere, no da al hombre la posibilidad de volver. Sin embargo, todo es posible si ella continúa fiel y ama, la habilidad de la mujer es guardar el amor cuando está amenazado. A la infidelidad ella puede oponer la fidelidad y un silencio sin condenas. El camino de retorno puede ser largo y difícil, pero con esta actitud el camino queda abierto. A menudo, es el momento en que la mujer se cuestiona si fue ella la que no amó lo suficiente. Queriendo vivir un amor ideal no supo darse y olvidarse de sí para ser la felicidad de su marido.

Generalmente, en este estado de confusión, las reacciones son descontroladas y desastrosas, de miedo y de pánico; se lucha para no ahogarse y uno se hunde.

En el momento en el que la mujer se vuelve hacia Dios con

esperanza, comprende que se trata de una tormenta y no de un naufragio.

Pero el plan de Dios sobre la unión entre el varón y la mujer, es maravilloso. No pensemos que es irrealizable, porque las promesas de Dios son verdaderas y, aunque hayamos hecho lo imposible y hayamos fracasado, Dios no abandonará su obra y nos sorprenderá con algún bien que Él sacará del mal.

Podemos tener la certeza de que Dios hace lo que dice, y quiere para nosotros la paz que supera toda inteligencia: *"Os dejo mi paz, os doy mi paz"* (Jn 14, 27). La alegría perfecta: *"Les he dicho todo esto para que mi alegría esté en vosotros, y que vuestra alegría sea perfecta"* (Jn 15, 11). Y finalmente el amor, Dios no puede negarnos estas tres cosas.

Pero es en el crisol del sufrimiento donde se prueban la paz, la alegría y el amor. No tengamos miedo de las dificultades y de las contradicciones, no tengamos miedo de las pruebas, y en medio del sufrimiento encontraremos la plenitud del amor de Jesús.

No pongamos distancia entre nosotros y la cruz, adhirámonos inmediatamente a aquello que nos toca vivir. La adhesión es el antídoto de la rebeldía. Lo que nos hace sufrir es el tiempo que tardamos en aceptar y abrazar la cruz. Si en el momento en que el sufrimiento aparece nos ponemos de rodillas y lo abrazamos, si lo aceptamos, recibimos inmediatamente la gracia.

Cuando sufrimos recordemos que María sufrió y pidámosle que nos enseñe a sufrir, para no ser aplastados por el peso de la cruz, sino experimentar que *"su yugo es suave y su carga ligera"* (Mt 11, 30) y que Dios no nos prueba jamás más allá de nuestras fuerzas (cf. 1 Co 10, 13).

Enseñar a bien sufrir debería ser uno de los principios fundamentales de la educación, para que nuestros niños no se encuentren jamás desprotegidos frente a la adversidad, y que vivan alegrías. En general llevamos cargas que no tenemos por qué llevar, nos hacemos problemas por cosas que no pasarán nunca y que son producto de nuestra imaginación. Somos derrotados por sufrimientos inútiles, simplemente porque no sabemos recibir todo lo que nos pasa con el corazón en paz.

La cruz no es un instrumento de tortura, es un lecho de amor, es el lugar del matrimonio con Cristo, es la prueba más grande del amor con que Él nos amó. En nuestra vida cotidiana, la cruz es todo aquello que nos contraría, todo lo que se opone a nuestra voluntad y a nuestra sensibilidad, todo lo que no podemos dominar. Puede presentarse de diferentes maneras, a través de acontecimientos, de personas, y la mayor parte del tiempo nos viene de nuestros seres más próximos, los que más amamos.

La actitud más común es rebelarse, no aceptar lo que nos pasa; así nos sumergimos en sufrimientos intolerables que nos deprimen y amargan. Algunos prefieren huir o aturdirse con los placeres fáciles pasajeros para no pensar. Otros, no viendo cómo salir de la situación, se acomodan a ella y entran en una especie de fatalismo que es todo lo contrario a la actitud evangélica.

La actitud justa, la más positiva, es aceptar con paz todo lo que nos pasa, recordando siempre que somos hijos de Dios, *"que Él nos hizo y a Él pertenecemos"* (Sal 95), que todo lo que nos toca lo toca, y que *Él hace que contribuya todo a nuestro bien"* (Rm 8, 28). Esta actitud elimina muchos sufrimientos, pues la mayoría de ellos vienen de nuestro egoísmo y de querer hacer nuestra voluntad, haciéndonos aptos para abrazar la verdadera cruz, la que nos salva, la que nos libera de nosotros mismos y nos permite superarnos y darnos totalmente a Cristo.

El poder de la Resurrección

Cuando el amor parece muerto es el momento de creer en el poder de la resurrección, y de proclamar que el Señor es todopoderoso y puede dar vida aunque todo parezca perdido.

A los ojos de los hombres, la cruz es el símbolo del fracaso más estrepitoso de la historia. El que era esperado como el Salvador no fue reconocido por quienes esperaban su venida y terminó miserablemente en la cruz, rechazado por los hombres, abandonado por los suyos, rodeado de algunas mujeres y un adolescente; los testigos de su muerte fueron testigos de su Resurrección.

"Si Cristo no resucitó, nosotros somos los más desdichados de los hombres", dice san Pablo en 1 Co 15, 19.

Éste es el mensaje que las mujeres tienen que transmitir en primer lugar, porque es a ellas a quienes el ángel confía esta misión: *"Id y decid a los discípulos que Jesús resucitó de entre los muertos y os precederá a Galilea"* (Mc 16, 7).

Cristo se apareció primero a ellas, Él pasó por ellas para anunciar la "buena noticia" a sus discípulos. Hoy más que nunca, en este mundo sin Dios, donde muchas ilusiones de un mundo mejor han desaparecido, y en todos los niveles se constata el fracaso, la mujer debe tomar en serio su misión. Debe proclamar que Cristo realmente ha resucitado, que por su victoria sobre la muerte Él asumió todos nuestros fracasos. La mujer debe animar al hombre a tomar las armas espirituales para combatir el buen combate de la fe y convertirse en testigo entusiasta de la Resurrección.

MADRE

I. Las mujeres ya no quieren tener hijos

"Cuando veo una cruz coronada de flores, me digo: He aquí el símbolo de la vida de la mujer. La vida y la vocación de la mujer son las rosas y la cruz juntas. Esto significa que ellas deben vivir para los demás buscando la felicidad de los otros hasta el precio de su sangre" (Cardenal Mindszenty).[7]

Madre porque es esposa

Sólo siendo esposa la mujer se convierte plenamente en madre. No hay maternidad sin matrimonio, sin la unión en el don de sí mismo y la aceptación del otro.

Es la gracia extraordinaria que tiene la mujer de poder llevar un niño en su seno participando de una manera tan íntima en la creación aportando su propia sangre y su carne. Todo su ser está concebido en función de su vocación de ser madre. Negarlo atentando contra su ritmo biológico, queriendo suprimir todo lo que puede ser una "desventaja" en su condición femenina para poder competir o ser igual al hombre, se convierte en una amputación grave para la mujer, hasta en las zonas inconscientes más profundas. Esto la hace estéril, siendo que está hecha para ser madre en su cuerpo y en su alma. No puede encontrar su pleno desarrollo si no es fiel a su vocación. Si no tiene la felicidad de encontrar un marido, puede tener la felicidad aún mayor de encontrar a su Señor y desposarse con Él. Entonces, no engendrará carnalmente sino espiritualmente. Es terrible permanecer hija toda la vida hasta convertirse en una "hija vieja". Toda mujer está hecha para ser hija, esposa y madre: hija de Dios, esposa de Cristo y madre de los hombres, madre

---

[7] *La mère, miroir de Dieu*, Mame, 1953.

de la humanidad, en una maternidad que sobrepasa la de la carne y que es constitutiva de su ser profundo.

Las mujeres no quieren dar la vida

Esto tiene consecuencias mucho más profundas para el futuro de nuestro mundo, que no queremos reconocer. Al rechazar tener hijos de su carne, ella se convierte en estéril espiritual, estéril para la humanidad, porque así priva a Dios de tener hijos.

"El Maligno es mucho más celoso de la mujer que del varón porque ella tiene la misión de ser vida, de dar la vida, de dar a luz y por eso participar íntimamente en el plan de Dios. La serpiente sabe que para estar contra el plan de Dios, debe atacar a la mujer y disminuir su capacidad de dar vida."

Si la mujer no ubica ante su vocación irremplazable y no acepta esta gracia de la maternidad, si no se vuelve madre, nuestro mundo corre hacia su perdición. Si no hay más madres, ¿cuál será nuestro futuro? ¿Qué pasará con nuestros niños? ¿Cómo los hará suyos Dios si nadie los concibe?

Del control de la natalidad al rechazo de la maternidad

Que busquemos controlar la natalidad en una sociedad donde nada favorece la vida de las familias numerosas o, mejor dicho, nada favorece la vida de la familia, es completamente comprensible, y siempre es bueno reflexionar sobre cómo practicar una paternidad responsable, para no concebir más niños de los que podemos tener. El conocimiento del cuerpo de la mujer, sus ritmos, sus períodos fecundos, permite limitar el número de nacimientos para favorecer una mayor dedicación a cada uno de los niños. Lamentablemente, este deseo legítimo puede convertirse en un deseo egoísta, no considerando el interés de los niños primero, sino el egoísmo del varón y la mujer que, pretendiendo tomar el lugar de Dios, deciden sobre la vida y la muerte, y creen ser los únicos dueños de su destino. Se llega así a aberraciones de las que lamentablemente ya no nos sorprendemos. Una de mis amigas que trabaja en el CLER,[8] me contaba que, en una pequeña ciudad de provincia, una mujer joven se había hecho fecundar "in vitro" en varias oportunidades, hasta que la implantación del embrión fue un éxito. Pero, como el día previsto para el nacimiento no le convenía, abortó, dejando para más adelante una nueva tentativa de tener un hijo. El médico estaba indignado, pero yo me pregunto: ¿Habrá hecho una reflexión profunda sobre lo que fundamenta estas prácticas? No sé, pero lo que es importante es la actitud interior que tenemos con respecto a estas cuestiones. ¿Las abordamos humildemente deseando descubrir la voluntad de Dios en nuestras vidas y también con la generosidad suficiente?

Lo esencial es estar siempre abiertos al don de Dios. La mujer se realiza si permanece abierta en su corazón a la maternidad a la que Dios la llama. La esterilidad no aparece así negativamente, sino como vemos en la Biblia, preparando una maternidad excepcional.

Nunca vi a un niño que no fuera una bendición. Al principio, un niño no previsto nos cambia totalmente los planes, nos desconcierta. Pero él es un don de Dios y si es recibido como tal, une la familia; en torno a él, todo el mundo se reencuentra; hace salir a cada uno de su egoísmo, reconcilia al padre y a la madre, y reúne a sus hermanos y hermanas.

Dios es Padre de todos los niños y no los abandonará. Los padres pueden tener confianza y abandonarse a su Providencia. Es cierto que en la sociedad actual, es heroico tener una familia numerosa. Muchos de mis amigos han sido reprendidos por los médicos cuando tuvieron su cuarto hijo y, si había la menor posibilidad de un problema eran presionados para que abortaran. Los médicos no comprendían que quisieran tener ese niño. Gracias a Dios, todos tuvieron niños maravillosos sin imaginarse la alegría que recibirían.

---

[8] Centro de contacto de equipos de investigación sobre el amor y la familia. Establecimiento de información, de consulta y de consejo conyugal y familiar, reconocido como de utilidad pública, con sede en París.

Dar su vida para dar la vida: la maternidad concebida como una desventaja

No por casualidad Dios ha dicho a la mujer: *"Es necesario que te sometas, el hombre dominará sobre ti"* (Gn 3, 16), porque la mujer a causa del poder que ejerce sobre el niño que dio a luz, tiene el riesgo de ser dominante; esta tendencia profunda e insidiosa es una deformación del amor maternal, que se convierte de oblativo en posesivo.

Para escapar a la omnipotencia del hombre, la mujer no vio otra solución que ser como él, sin darse cuenta de que, para esto debía renunciar a su femineidad. Su maternidad se convirtió en el primer obstáculo para eliminar: es imposible trabajar como un hombre cuando se espera un niño.

Analicemos las consecuencias humanas y espirituales para nuestra sociedad a partir de este hecho. Las mujeres no quieren dar la vida, no están dispuestas a sacrificarse para que sus hijos se conviertan en hombres y mujeres plenos y no en seres heridos, colmados de cosas materiales, pero sin lo esencial: una madre que los ame hasta el punto de dar la vida por ellos.

Si las mujeres no quieren dar su vida por aquellos que aman, ¿quién transmitirá la vida? No hay maternidad sin sacrificio, sin don de sí. Dar su vida, es decir su tiempo, sus fuerzas, etc., en lo cotidiano, es verdaderamente un sacrificio que generalmente llega hasta el heroísmo.

Cuando hablamos de maternidad, no se trata sólo del hecho de tener hijos, sino de esta capacidad que tiene la mujer de dar vida dándose ella misma, sea soltera, consagrada, casada, estéril o fecunda. Cada mujer tiene un cuerpo de madre, una inteligencia de madre, un corazón de madre, y su maternidad está llamada a desarrollarse cada vez más hasta llegar a ser una maternidad universal. La mujer está llamada a reencontrar el sentido del sacrificio, a reconciliarse con esta palabra que ha suscitado tanta alergia, pero que esconde realidades espirituales maravillosas. De hecho, la superioridad del hombre sobre los animales reside en su capacidad de sacrificarse por amor y no por necesidad o deber.

Dios ha llamado a cada hombre a participar de su obra creadora, cada uno según su vocación. Llamó a la mujer a ser madre en todas sus implicancias, y ser madre es dar la vida. Dios quiso necesitar a la mujer para transmitir su propia vida, como tiene necesidad del hombre para delegarle su paternidad.

Muchas mujeres han rechazado la maternidad por lo que ella tiene de limitativo, y por todas las renuncias que supone. No hay palabra más chocante para nuestra sensibilidad moderna que la palabra "sacrificio". Si tienen la mala suerte de pronunciarla, supondrán en ustedes un delirio místico y les aconsejarán ir a un psiquiatra. Lamentablemente no es una broma, les pasó a muchas de mis amigas que, aun pasando por momentos de prueba eran personas equilibradas. El lenguaje de la fe no es aceptado, nos consideran inmediatamente como iluminados.

Sin embargo, el que ama está dispuesto a ofrecer todo por la felicidad de su amado, hasta su propia vida. Es ahí donde se reconoce el verdadero amor.

La maternidad y el don de la sangre

Dar la vida es derramar su sangre. Cuando perdemos toda la sangre, perdemos la vida. Este don de la sangre para dar la vida está inscripto en la naturaleza de la mujer. Muchas mujeres solteras o religiosas viven dolorosamente sus reglas como algo totalmente inútil, porque de todas maneras ellas no comunicarán la vida. A otras que rechazan su femineidad, se les retira el período. Puede ser que no hayan comprendido la alegría que podrían sentir si vieran en ello un signo de maternidad, don de la sangre por el que Dios las invita a darse totalmente y cuyo fruto es la maternidad espiritual; así pueden transformar ese don de su sangre en una ofrenda para una fecundidad espiritual.

Es cierto que cuando la mujer da su sangre, se debilita, pierde fuerza y vitalidad. Por eso lo vive como una desventaja. No es fácil ser mujer sometida a un cuerpo siempre cambiante. Los hombres no se dan cuenta de toda esta fragilidad. Hay momentos en que está más irritable y se controla menos; depende de su ciclo menstrual, que la hace vulnerable y a veces exacerba su sensibilidad. Lo que generalmente asume sin problema, en ese momento le parece insolucionable; llora por nada y si no se controla, puede volverse insoportable. Es el momento de mirarse ella misma, encerrarse y encontrar todas las razones para sentirse desgraciada. Se siente mal amada, y todo es pretexto para reproches. Pero Dios se glorifica en estas debilidades y le hace dar frutos. Es fundamental que asuma su condición de mujer hasta en lo más íntimo de su vida.

Lidia rechazaba su femineidad:

Pensaba siempre que ser mujer era una desventaja y también un arma contra los otros. ¿Qué imagen de la mujer me habían ofrecido? La de mujeres profundamente heridas, inferiores, explotadas. Rápidamente, traté de dar vuelta la situación practicando deportes violentos, vistiéndome como varón, utilizando un vocabulario vulgar y viviendo peligrosamente esta vida que me parecía injusta y vana. Estaba segura de que la libertad consistía en la posibilidad de cambiar, de dejar de vivir en cualquier momento. Utilizaba a los otros y cuando me cansaba desaparecía. Conocí a muchos hombres. La noción de pureza no fue nunca física para mí, porque algo en mí había quedado intacto como en una niña. Cuando crecí quise tener un hijo, no para tener una familia, no tenía idea de lo que era, pero a fuerza de correr en mis actividades que me hacían huir de lo que yo podía ser, sentía en mi cuerpo como una necesidad, como el deseo de una realización. ¡Tener un hijo, eso sí era para mí, una gran libertad! Podía dar vida a un niño pero no tenía nada para darle, nada de ternura, ni dulzura, nada de amor. Todo esto estaba enterrado en lo más profundo de mí, y había decidido no mostrar jamás este tipo de debilidades. Tuve mi pequeño sola y poco después recomencé mi vida de carreras tras la nada.

Cuando Dios vino a mi encuentro para enseñarme a vivir, estaba perdida. No me había indispuesto desde hacía tres años. Nunca había usado un vestido. Después de mi consagración a María, una mañana decidí aceptar mi identidad de mujer, sabiendo que me haría falta mucho tiempo para hacer lo que Dios quiere de nosotras, ser como la Virgen María. Me puse un vestido. Quince minutos más tarde, mi ciclo recomenzaba normalmente. Tenía que renacer, aceptando la belleza de Dios en mí, dejar de seducir y comenzar a amar sin pedir nada a cambio, sino sólo por ser fiel para lo que fui hecha. Hoy la pureza que me invade es la del corazón que acaba de nacer, como un lugar que estaba cerrado desde hacía mucho tiempo y que redescubre la Luz y la Vida. Que existe. Descubrí en mí esta fragilidad que tantos años me hirió. La siento renacer, la considero un tesoro, porque en ella está mi fuerza, porque a causa de mi fragilidad me puedo recostar sobre otro, puedo todo como María en Caná, confiada, segura de que a causa de su debilidad, Jesús no podía rechazarla. Él le dirá: "¡Mujer!", como si les confirmara a todas las mujeres que en su fragilidad obtendrían todo. ¿Dios no es acaso madre en su alumbramiento de la Creación? Estoy segura de que la mujer tiene un tesoro en sus manos. Es también guardiana de la familia. ¿Qué se ha hecho hoy de la familia, ese lugar en el que los niños y los abuelos se encontraban para vivir juntos? ¿Que hacemos de nuestros hijos? ¿Los dejamos crecer en la mentira de que el hombre y la mujer son iguales? No, el varón es uno y la mujer es otra, y los dos juntos son un ser que Dios plenifica en sus diferencias para que se junten y gracias a su unión Dios permita el nacimiento de un ser humano. Entonces, la mujer será la amiga de Dios por llevar en ella al hijo de Dios, y el varón será quien vele sobre lo que Dios le confió. Pienso que el amor no debe ser separado de su verdadero sentido. Somos el templo de este amor, servidores del amor; crezcamos en el silencio, en la fidelidad, en la ternura y entonces estaremos, ante Dios, como Él nos creó. A imagen de María, nuestra pureza se convertirá en el arma contra toda perversidad y contra toda mentira.

II. El dolor y el nacimiento

Una relación misteriosa existe entre el dolor y el nacimiento en la maternidad física y también en la espiritual. La física es el signo de una maternidad mucho más profunda, que forma parte del ser mismo de la mujer y que comparte con Dios: dar a luz al hombre para la vida divina.

Cuando da a luz, la mujer da de su propia vida, su carne y su sangre. Es una muerte a ella misma, a sus intereses; acepta todas las fatigas, todos los dolores en su cuerpo, las tristezas por ese pequeño ser que va a venir al mundo. Y cuando llegue, ni la noche ni el día le pertenecerán. Hará falta estar totalmente disponible para ese bebé que esperará todo de ella y que vivirá gracias a ella.

Tendrá que renunciar a su independencia, a muchas de sus actividades que la hacían realizarse, pero en el descubrimiento de ese ser maravilloso le parecerá natural. Lamentablemente, esto no sucede hoy, ya que todo en torno a ella trata de convencerla de la inutilidad del sacrificio de algunos años de su vida a cambio de la felicidad de dar vida a un niño, de despertarlo a la vida, de hacerlo hombre o mujer comunicándole lo mejor de ella misma. ¡La convencen de que ella tiene algo mejor que hacer ocupándose de cosas más importantes!

Las consecuencias del pecado

El dolor ligado al nacimiento es consecuencia del pecado.

En lo que aparece como una maldición para el hombre y la mujer, Dios da el medio de reencontrar el Paraíso perdido. Los dos se habían separado de la vida eterna y Dios les indica el camino de la Vida, pero este camino pasa por el sufrimiento tanto para el varón como para la mujer. Dios ilumina a cada uno sobre el sentido

de la vocación y prepara la ofrenda respectiva, en el sacrificio redentor: sufrimiento del varón en su acción sobre el mundo, sufrimiento
de la mujer en la transmisión de la vida.

Para el varón dijo: *"El suelo será maldito a causa de ti, gana-
rás el pan con el sudor de tu frente"* (Gn 3, 17).

No prestamos suficiente atención a las consecuencias del pecado para el varón, imaginamos que sólo la mujer fue castigada.
Mientras antes no tenía más que estirar la mano para recoger los frutos del jardín del Edén, ahora el varón deberá luchar continuamen-
te para mantener su vida; tendrá que luchar con los espinos y cuando deje de trabajar, los espinos y las zarzas volverán a invadir la tierra. En muchos países del África, experimentamos lo que podría ser
una parábola: tenemos hermanos que luchan sin cesar para obtener
frutos de la tierra y cuando se detienen, la vegetación invade todo
de nuevo.

Para el varón, la redención pasa por el trabajo. Él asegura la
subsistencia de la familia; psicológicamente, el hombre está hecho
para darse en la acción. Por eso la desocupación es mucho más dra-
mática para él que para la mujer. Este cáncer de los tiempos moder-
nos desestructura a la familia privando al hombre del medio de realizarse y reduciéndolo al estado de asistido.

Un hombre sin trabajo es un hombre disminuido porque, rea-
lizando su trabajo reencuentra el dominio de la tierra y de las fuerzas de la naturaleza, participando en la Creación junto a Dios. Allí
se desarrolla plenamente, encuentra su dignidad, se revela a sí mismo y revela a los otros quién es.

Hace unos años en las universidades de Canadá, hubo revuel-
tas terribles que pueden hacernos ver cuánto afecta y cuánto agrede
al hombre esta situación. Jóvenes universitarios mataron salvajemen-
te a algunas estudiantes porque las mujeres habían tomado todos los
puestos de trabajo dejando fuera a los varones... ¿Hay que cuestionarse el trabajo de la mujer? ¡No!, se trata sólo de discernir las prioridades y hacer elecciones sometiéndose a la voluntad de Dios, a su
deseo sobre nuestras vidas, porque es diferente el llamado para ca-

da uno. Si no lo hacemos así recogeremos los frutos de lo que sembramos o, mejor dicho, no recogeremos lo que no hemos sembrado.

Dios le dijo a la mujer: *"Aumentaré el sufrimiento durante tu embarazo y parirás con dolor"* (Gn 3, 16). Otra traducción dice *"Aumentaré tu pena y tu trabajo."*

La pena significa la dificultad de educar al niño. Es evidente que después de la caída y la introducción del pecado, la formación del niño no podía hacerse sin dolor, porque a la lucha por la vida se suma, más cruel todavía, el combate espiritual por encontrar la felicidad. Educar a un niño exige un esfuerzo continuo, una atención permanente, una sabia y equilibrada dosis de firmeza y de ternura, de corrección y de aliento, para que pueda convertirse en un hombre o en una mujer libre y no sea prisionero de sus pasiones. Es una lucha interminable contra sus malas tendencias y un trabajo incesante por fortalecer las buenas. Es responsabilidad de la mujer no sólo dar la vida física, sino también dar a luz a su hijo para la vida divina. Ella tiene la vocación de despertar la vida de la gracia y desarrollarla en sus hijos.

¡Qué hermosa la expresión "dar a luz un hijo"! Indica el desapego que se le pide a la mujer. A este pequeño ser que es una parte de ella, carne de su carne, deberá prepararlo para afrontar el mundo, prepararse a darlo.

"Sufrimiento en la concepción, sufrimiento en la gestación, sufrimiento en los abortos naturales, sufrimiento en el nacimiento, sufrimiento educando", dicen los rabinos.

La experiencia de Ana nos hace evidente la relación entre el dolor y el amor maternal.

Mi hijita tiene ahora siete años, y yo la quiero como toda madre ama a su hija preferida, pero este amor no fue instantáneo. Formamos una familia con cuatro niñas y tres niños. ¡Cada uno es un tesoro único! Mi pequeña es la quinta después de una mujer, dos varones y otra mujer. Este nuevo embarazo era deseado y todo transcurrió en una paz feliz. El nacimiento estaba previsto para la primera semana de junio; un día de mayo a la mañana "rompí bolsa" y en el silencio de la casa todavía dormida, me preparé para este nuevo nacimiento. Eran las cuatro de la mañana... Dejamos a cada pequeño una sorpresa y un pequeño mensaje delante de su taza de desayuno, y nos fuimos hacia el hospital a las ocho de la mañana. Nos recibió una partera que comenzó a retarnos amablemente porque con una "multípara" hay que apurarse. Después de cuatro horas, no pasaba nada, había que provocar las contracciones y naturalmente ella me dijo. "No se inquiete, una estimulación con peridural es indolora."

Efectivamente poco después, estaba de costado, con una aguja en la espalda (la posición no es muy agradable) y un aparato al lado, cuya aguja sube y baja dibujando montañas regulares sobre un papel: las contracciones uterinas. No sentía nada. Mi marido estaba a mi lado y hablábamos muy poco. Un nacimiento tiene algo de solemne, de misterioso, de divino; un pequeño ser desconocido va a cambiar nuestras vidas. La partera venía regularmente a ver si todo iba bien. Después de un largo tiempo, veo amontonarse las montañas y me avisan que el bebé va a nacer... momento de palpitación. Todos se mueven alrededor de mí y yo me siento un poco como un espectador.

El bebé llegó, nuestro bebé... Un pequeño llanto, y ponen al pequeño sobre mi corazón ¡y no pasa nada! Ninguna explosión de alegría, ni lágrimas, ni esa felicidad increíble de otras veces. La miro, es pequeñita, hermosa; sin embargo, continúo insensible, estoy como anestesiada en mi corazón... Me sentía un poco triste, un sentimiento de frustración me invadió. A mi amor le faltaba una dimensión, la de la ofrenda de todas esas horas de sufrimiento amoroso, desembocando en una alegría indescriptible. El camino de mi vida a su vida se hizo sin mí, tuve la impresión de haber participado muy poco en ese pasaje difícil...

Mi corazón se abrió poco a poco a la dulzura de mi pequeña niña; de todos mis hijos, es la única que me pregunta frecuentemente si la amo, y como un gatito viene a frotarse a mí para "sentirme".

Después tuve dos hijos más, para los dos me propusieron la peridural que rechacé con gran sorpresa de las parteras... Quería vivir esos nacimientos y, sobre todo, no quería revivir esa ausencia de amor instintivo, irracional, ese amor dado por toda una vida...

Es evidente que sería estúpido buscar el sufrimiento por el sufrimiento mismo y rechazar el alivio que permite asumirlo mejor. En muchos casos la peridural permite vivir mejor el nacimiento, haciendo soportable el dolor y hasta evitando una cesárea. La mamá puede estar mejor para su bebé y recibirlo en paz.

Éste es el testimonio de Florencia:

"Tuve un parto muy doloroso y largo que duró 16 horas; era mi primer bebé y yo no esperaba sufrir tanto. Con mi marido pasamos las primeras horas en la sala del trabajo de preparto. Con su ayuda, trataba de respirar, pero por desgracia las contracciones eran cada vez más frecuentes y el cuello del útero no se dilataba. Después de 8 horas de este trabajo, estaba totalmente sin fuerzas y esto comprometía el resto del proceso de nacimiento. Pedí y me aplicaron una peridural para descansar un momento. Efectivamente, me dormí, pude rezar con mi marido por el niño que llegaba. ¡Fue un alivio extraordinario! Retomé fuerzas y mi hijo pudo nacer normalmente sin cesárea."

Pero la elección sistemática de la anestesia, sea en el momento del nacimiento o de la muerte, antes de saber qué va a pasar, puede privar a la persona de algo esencial, esa adhesión a la vida con su carga de amor y de sufrimiento.

La oblación y la fecundidad

El varón y la mujer de hoy podrán encontrar la felicidad sólo si encuentran la gracia que le es propia a cada uno, y aceptando el sufrimiento y el sacrificio. La mujer ha perdido el sentido del don de sí misma, de la oblación que es el fundamento de su fecundidad. Es fundamental que redescubra su vocación, porque la suerte de la humanidad depende de ella. Renegando de su gracia, rechazando el sufrimiento y el sacrificio, se condena a la esterilidad.

En vez de reconocer que el sufrimiento es propio de la condición humana, y de manera particular de la condición femenina, tratamos de escaparnos de él porque nos eriza la idea de sufrir y es natural que así suceda. Pero aunque no queramos sufrir, es necesario aceptar que no podremos escapar al sufrimiento y que hay que tratar de vivirlo de la manera más positiva. Si volvemos la espalda a la cruz, ella nos cae encima y nos aplasta, mientras que si nos volvemos hacia ella para abrazarla, es Jesús a quien abrazamos, y cosechamos inmediatamente el fruto alegre, superamos inmediatamente el dolor para unirnos a Cristo. Es verdad que la condición de la mujer no es la más confortable, sea en su cuerpo, en la familia o en la sociedad. Al mismo tiempo tiene una capacidad de sufrir admirable, y esto la hace fuerte. Su capacidad de sufrir está unida a su capacidad de dar a luz. Su acogida del sufrimiento, que llamamos "compasión", la une a todos los sufrimientos humanos que ella puede recibir y por ello ofrecer.

Una ofrenda alegre

Lo que es irracional para nuestro espíritu cartesiano se convierte en una realidad espiritual extraordinaria, porque el sacrificio no es una mutilación, un deseo masoquista de sufrir, sino una ofrenda alegre que nos libera de lo pasajero y destinado a la muerte para unirnos a lo que no muere. No es una renuncia vana, sino que nos comunica al instante una alegría sobrenatural, que nos hace decir, en la oración alrededor del fuego, la noche de la Redención: "El fuego es la vida y la muerte, una en la otra, la apariencia que se consume y la sustancia que brilla. Él es la muerte de las cosas muertas y su retorno a la luz. Fuego de alegría, sufrimiento y alegría uno en el otro, el amor es la alegría de sufrir", como decía Lanza del Vasto.

Lo que muere en nosotros por el sacrificio es lo que está llamado a morir y, lejos de destruirnos, renueva y fortifica nuestro ser interior. La mujer fuerte no es la que impone su ley, y ante quien los varones tiemblan, mientras ella es dominada por sus pasiones. Es aquella que no tiene puesta su mirada sobre sí misma y que encuentra su alegría en construir la de los demás; aquella que, estando desapegada de las cosas que pasan, y conociendo la verdadera libertad, tiende hacia el Reino de Dios para hacer entrar en él a todos los suyos.

Cuando Dios dijo *"prefiero el amor al sacrificio"* (Mt 9, 13), no suprimió el valor del sacrificio, sino que quiso decir que el sacrificio por el sacrificio no le gusta, sólo el que se inspira en el amor. Si el sacrificio no va acompañado inmediatamente de plenitud, si no aumenta en nosotros la alegría y el amor, tenemos que sospechar.

La alegría de darse, como la podemos ver en grado sumo en la madre Teresa de Calcuta, radica en un olvido total de uno mismo que no tiene nada que ver con una actitud *dolorista* que engendra tristeza y desolación y que, lejos de atraer vocaciones, las alejaría.

III. El sí de la mujer

En la oblación, la mujer es fecunda. Por el "sí" de María, el Verbo se hizo carne en ella, pero no solamente el día de la Anunciación. Hicieron falta todos los demás "sí" de cada día, para llegar a vivir lo que vivió. Igualmente, no sólo el día del casamiento o la consagración tenemos que decir "sí", está el "sí" de todos los días que renueva la gracia del matrimonio o de los votos religiosos. Por la adhesión total a Dios a través de cada acontecimiento en el momento presente, nos desposamos y nos volvemos fecundos. La unión de nuestra humanidad con su divinidad da frutos que perduran hasta la vida eterna.

Sí, la mujer está llamada a una maternidad que sobrepasa infinitamente la maternidad carnal y es una esperanza extraordinaria para todas aquellas que, cada día más numerosas, no pueden tener niños. La anarquía total en materia de sexualidad ha producido un montón de desastres fisiológicos o psicológicos en toda una generación de mujeres jóvenes y adolescentes que creyeron que su liberación consistía en poder disponer de su cuerpo sin ningún riesgo ni obligación. Su aparente libertad esconde, generalmente una angustia profunda, una incapacidad de amar, una fuga para no encontrarse frente a ellas mismas.

Somos el templo de Dios vivo y no podemos profanar la casa de Dios sin tocar a Dios mismo. No se puede tocar un cuerpo sin alcanzar el alma. No se puede hacer cualquier cosa con nuestro cuerpo sin que ello tenga repercusiones profundas sobre nuestra alma.

"¿Cómo nadie nos dijo esto antes?", decían las jóvenes a algunos de nosotros que pasábamos por los colegios para hablar del aborto, la sexualidad y la ética. Los programas escolares inician el funcionamiento de la "máquina sexual" pero ¿quién habla del amor, de su belleza y sus exigencias?

No es tiempo de hablar de moral. La moral no es aceptada, no alcanza para dar una razón para vivir. Nuestra generación tiene necesidad de autenticidad. Está cansada de discursos, de sermones y buenos consejos. Está desilusionada por la cobardía de los que no se atreven a pedir una superación porque ellos son incapaces de superarse. Nuestra generación tiene sed de santidad. Hace falta nada menos que la santidad para darle una nueva esperanza, nuevas ganas de vivir.

¿Creemos realmente en el progreso de una civilización que mata a los niños en el seno de su madre, que no tiene lugar para los discapacitados, que los extermina antes de nacer? ¿Cuándo nos cuestionaremos frente a los jóvenes que se suicidan porque no encuentran una persona capaz de amarlos hasta dar su vida por ellos? ¿Qué hemos hecho de los tesoros que Dios puso en nuestras manos?

A aquellas cuya naturaleza es amar y ser amadas, Dios les pide ser verdaderas madres, llevando en sus corazones a esos niños olvidados, amenazados, cuyo sufrimiento grita hacia Dios que los ama. Este mundo corre hacia una catástrofe nuclear, porque en el corazón de la humanidad se está operando la desintegración.

Pero permanece la esperanza, Dios es el maestro de lo imposible, con Él, nunca es tarde, Él cuenta con las mujeres de entre las cuales eligió a su Madre *"bendita entre todas las mujeres"*, para salvar los valores profundos de la humanidad. Los niños tienen necesidad de madres, de su ternura, de su abnegación y de su perseverancia en la educación. Son ellas las que deben educarlos para, a través de ellos, educar y hacer crecer a la humanidad.

Los niños y la cruz

Todo crecimiento pasa por la cruz. La mujer tiene por misión hacer crecer a la humanidad, llevarla hasta la cruz, lugar de nuestra salvación. En la educación de los niños es un tema muy importante que no hay que descuidar, tampoco en el matrimonio, ya que la cruz es el corazón de la unión de los esposos.

Aceptamos la cruz para nosotros mismos, aceptamos sufrir porque la vida está compuesta de sufrimiento y no podemos escaparnos, pero no lo aceptamos para nuestros hijos. Rechazamos la cruz para nuestros niños sin darnos cuenta de que, si es un instrumento de salvación para nosotros, también lo es para ellos. Debemos educarlos para que acepten la cruz, porque también con ella aceptan a Jesús. Desde muy pequeños tenemos que enseñarles a abrazar y hacer crecer la vida de Dios en ellos, a amar a Jesús en las contradicciones. No hay que esperar que el niño tenga veinte años para decirle: "Hijo mío, tienes que saber que en la vida vas a sufrir." La madre tiene que estar muy atenta y reconocer la cruz en lo que su hijo vive. Debe prepararlo para la ofrenda, y su misión es irremplazable.

No tratemos de sobreproteger a los que nos fueron confiados, fortifiquémoslos, no los encerremos en una burbuja de cristal. Hay que preguntarse muchas cosas sobre los hijos de "buenas familias": ¿cómo puede ser que, tan bien educados, tan protegidos, cuando son librados a ellos mismos hacen tantos desastres? Generalmente es porque no se los ha ayudado a hacer frente a la contradicción y a la realidad. La madre debe fortalecer al niño y no evitarle todo aquello que podría hacerlo sufrir, esto es, hacerlo apto para asumir todo lo que le tocará vivir. Ella recibe y ofrece dolorosamente el sufrimiento de su hijo.

Por el contrario, en el otro extremo, algunos padres no ahorran ningún sufrimiento a sus hijos y los ponen al corriente de todo lo que pasa en el mundo para despertar su conciencia y fortalecer su espíritu. A los ocho o diez años, los pobres pequeños llevan una carga mucho más pesada que sus fuerzas, y difícilmente pueden dormir.

Es importante saber callarse delante de los niños, para liberarlos de pesos que no pueden llevar sin peligro para su equilibrio futuro.

La maternidad universal

El amor incondicional de la madre, la fidelidad de la esposa, la complicidad de la hermana y el sostén de la amiga nos dan alas y coraje para superar las dificultades y perseverar en la adversidad. La mujer es, entonces, la ayuda que Dios ha destinado al hombre para su felicidad.

Hay siempre una mujer escondida, conocida o no, detrás de los que llevan adelante las grandes realizaciones para la humanidad: el amor y el sacrificio de una madre, de una esposa o de una hermana que aceptaron dar todo y no guardaron nada para ellas, con el solo deseo de la gloria de Dios y la felicidad de los que aman.

El padre Thomas Roberts, que era un predicador extraordinario, nos dijo un día: "He llevado miles de almas a Cristo y nunca he sufrido, pero no puedo dejar de pensar que en el fondo de su Carmelo una pequeña carmelita habrá sufrido toda una vida por mí y para que mi ministerio sea fructífero."

Algunos tienen la alegría de ver el fruto de su ofrenda en el fruto dado por su marido o en sus hijos, pero para otros los frutos son invisibles. Es la elección de las contemplativas que renuncian a todas las alegrías humanas para vivir sólo del amor de Cristo, y que en sus renuncias se convierten en madres de la Iglesia, dándole hijos e hijas cuyos rostros no verán jamás. Cuanto más grande es la renuncia, más grande es la fecundidad y conduce a una maternidad más universal. Los santos testimonian esto porque nosotros seguimos siendo alumbrados y sostenidos por sus ejemplos.

IV. "He aquí a tu madre"

Al pie de la cruz, en la cima del dolor, el "sí" de María encuentra su cumplimiento y se convierte en Madre de la Iglesia. Recibiendo a Juan de manos de Jesús, nos recibe a todos. La que no conoció los dolores de parto engendra a la Iglesia en el dolor.

"Cerca de la cruz estaban María su madre, la hermana de su madre, María, la mujer de Cleofas y María Magdalena. Jesús, viendo a su madre y cerca de ella al discípulo amado, dijo a su madre: 'Mujer, ahí tienes a tu hijo', luego dijo al discípulo: 'Ahí tienes a tu madre.' A partir de ese momento, el discípulo la recibió en su casa. Después de esto, sabiendo que todo estaba cumplido, y para que se cumpliera la Escritura, Jesús dijo: 'Tengo sed'" (Jn 19, 25-28).

Subrayemos que, después de que Jesús le confió Juan a María y María a Juan, dijo: *"Todo se ha cumplido"*, para significar que esta maternidad de María estaba en el plan de Dios para la salvación de la humanidad, y que Jesús no podía volver al Padre sin poner las cosas en su lugar. El lugar de María es esencial, ya que es el último regalo que Dios nos hizo, como un padre de familia que antes de irse de viaje reune a sus hijos y les dice: "en mi ausencia, obedezcan a mamá, hagan todo lo que ella les diga."

Como la Creación fue terminada con la creación de la mujer, para el regalo de la mujer al hombre por parte de Dios Padre, la salvación se termina por el don de la mujer al hombre, es decir, a toda la humanidad, hecho por Dios Hijo. Hija del Padre, en el principio nos fue dada como esposa; ahora, al final, ella nos es dada como madre. En la maternidad de María, Dios confía la humanidad a toda mujer.

Si María pudo estar de pie al lado de la cruz, mientras sufría terriblemente y, de alguna manera, moría con su hijo, es porque vivió hasta el extremo la virtud de la fe, la esperanza y el amor. Delante del fracaso evidente de su Hijo, creyó en la Resurrección, no dudó del poder de Dios que triunfa sobre el mal y la muerte. De otro modo, ella no hubiera podido quedarse de pie y sostener lo insostenible. Por eso, quien en las peores situaciones se confía a María no estará jamás desesperado, porque ella estará a su lado testimoniando que Jesús resucitó, que venció a la muerte, y que es siempre vencedor en todas nuestras dificultades.

Siguiendo a María y a María Magdalena, la mujer es la primera en creer en la Resurrección, y en seguir creyendo cuando todo parece perdido. En las situaciones más dolorosas y desesperadas, en las más complicadas, ella debe proclamar la victoria del Todopoderoso, quedar de pie para dar coraje y esperanza a todos, confiando en la intervención del que tiene todo en su mano.

Cuando el amor parece muerto, si la mujer se rinde, no hay posibilidades de que reflorezca; pero si la mujer confía, si continúa amando gratuitamente, creyendo que el amor es un don de Dios y que no puede morir, entonces todo es posible. Porque el amor es más fuerte que la muerte y, cuando el amor pasa por la prueba, resurge más hermoso, más profundo, capaz de resistir los asaltos del enemigo.

En la escuela de María

Es imposible hablar de la mujer sin hablar de la Mujer con mayúscula: María.

Cuando experimentamos todas las exigencias de nuestra vocación, nos sentimos interpelados y también sobrepasados. Tenemos miedo de no poder realizarla. Dios, que es bueno, nos ha dado una madre que no es una diosa inalcanzable, es decir, que no es alguien tan perfecto y bello que no se pueda imitar. Ella es "más admirable que imitable", decían los santos. Cuando se lee sus vidas, se omite todo el trabajo de la gracia, que duró años, y se nos muestra el fruto maduro o sea un santo virtuoso . Entonces, nos desalentamos antes de empezar, convencidos de que la santidad está reservada a seres excepcionales y de que seríamos presuntuosos al pretender convertirnos en santos. Es suficiente ver la reacción de la superiora de santa Teresita: cuando ésta reconoce el deseo de ser santa, es tratada de orgullosa con tono de reprensión. Como si la santidad fuera un triunfo personal que pudiera venir de los esfuerzos propios y de la que podríamos vanagloriarnos.

"Sed santos, dice el Señor, *sed perfectos como yo soy perfecto"* (Mt 5, 48). Se puede ser santo sólo como participación en la santidad de Dios; sólo Él puede ser santo en nosotros, con la sola condición de que nosotros le dejemos lugar. Él quiere nuestra nada para hacerse infinito en nosotros.

Toda mujer presiente en su interior lo que podría llegar a ser, pero al mismo tiempo se siente totalmente incapaz de responder plenamente a este llamado interior, lo que es cierto si ella cuenta solamente con sus fuerzas.

Debería entrar en la escuela de María, mirarla, contemplarla, entrar en Ella, en su corazón y dejarse transformar. Ella nos ama, nos conoce; quiere que nos convirtamos en lo que somos en el corazón de Dios, conduciéndonos al corazón de Jesús.

María llevó a Jesús en sus entrañas. Allí Él fue formado, allí debemos volver para dejarnos formar, para que Cristo crezca en nosotros. *"Si un hombre no nace de nuevo, no puede entrar en el Reino de Dios. Nicodemo dijo a Jesús: ¿Cómo puede un hombre volver al seno materno?"* (Jn 3, 3-4).

En María, podemos volver al seno materno para renacer por ella y para que Jesús pueda habitarnos plenamente, para poder vivir esta realidad de la que nos habla Pablo: *"No soy yo que vive, es Cristo que vive en mí"* (Ga 2, 20).

Si la Virgen en sus apariciones pide que recemos el rosario y lo meditemos, es porque, por la meditación de los misterios de su vida, podemos entrar en su intimidad. Hay que vivir como si viéramos lo invisible, vivir por la fe; entremos en la intimidad de la familia de Nazaret, en la intimidad de Jesús, en la intimidad de María, en la intimidad de José. Vivamos con el Cielo, hagamos descender el Reino de Dios en medio de nosotros porque él pertenece a los violentos, a los que se hacen violencia (cf. Mt 11, 12) y entonces todo es evidente. Aprenderemos a ser hijas, esposas y madres, mirando cómo María es hija, esposa y madre.

La anunciación

> *María dijo al Ángel: "¿Cómo es posible si yo no conozco varón?", y el Ángel le respondió: "El Espíritu Santo descenderá sobre ti y te cubrirá con su sombra, por eso tu hijo será santo y se lo llamará hijo del Altísimo; tu parienta Isabel ha concebido un hijo a pesar de su vejez, y la que era considerada estéril ya se encuentra en su sexto mes, porque nada es imposible para Dios." María dijo entonces: "Yo soy la esclava del Señor, que se haga en mí según su palabra." Y el ángel se alejó* (Lc 1, 34-38).

Este texto es extraordinario si consideramos lo que Dios hizo por María, pero también si vemos lo que hizo por Isabel. Muchas mujeres llegan a un punto de sus vidas en el que se sienten fracasadas. No han podido dar a luz o, aunque hayan tenido un hijo, se sienten estériles. Tienen la impresión de que sus vidas han sido inútiles, se ven viejas y no han podido realizar el deseo más profundo de su corazón. Se encuentran en una encrucijada, frente a la terrible constatación del fracaso y sin ninguna esperanza de cambio.

En Isabel, Dios da una nueva esperanza; su omnipotencia no se detiene frente a las imposibilidades humanas. Él desafía el orden de las cosas y le da el niño no esperado. La fecundidad de Isabel es el signo de esta fecundidad a la que estamos llamados. A pesar de todas las imposibilidades, a pesar de todos los fracasos de nuestra vida, no podemos desesperar, ya que Dios quiere abrir de nuevo nuestro corazón para que demos frutos. Aquellas que se sienten estériles, o piensan que no podrán nunca dar a luz, pueden apropiarse esta palabra: "nada es imposible para Dios" y creer que, a pesar de la edad, Dios les va a hacer el regalo de dar vida, de dar a luz, pero de otra manera.

Si nuestras posibilidades humanas son cada día menores, la vida de Dios crece en nosotros y da frutos que perduran. La fecundidad carnal tiene un tiempo, pero la espiritual crece hasta la eternidad.

María pregunta primero cómo puede ser esto porque ella es virgen, lo que piensan las mujeres solteras o separadas: "¿Cómo puede ser si yo no conozco varón?" ¿Cómo puedo dar a luz si ya no tengo esa posibilidad? Pero Dios le dice: *"El Espíritu Santo descenderá sobre ti."* Esto nos impulsa a permanecer abiertos al llamado del Espíritu, que nos sorprende siempre y nos abre horizontes nuevos cuando todo parece cerrado.

La respuesta de María es admirable: *"Que se haga en mí según tu palabra."* Por esta respuesta se convierte en Madre de Dios. Al contrario de Eva, ella no duda un instante de la Palabra de Dios, sino que la recibe con fe, sabe que lo que Dios dice *"hágase",* se hace (cf. Gn 1, 1).

La Palabra es creadora. No hay que creer que Dios creó el mundo en siete días y que después descansó; su poder está siempre en acción. *"Él nunca termina la obra de sus manos",* dice el Salmo; nunca detiene su obra en nosotros, su Palabra se hace eficaz por nuestra fe. Si la recibimos, ella es creadora.

Recibiendo al Verbo de Dios en nuestras vidas, somos fecundos. Por la fe, nos enraizamos en la Palabra de Dios. Tenemos que recibirla, dejarnos habitar por ella, hasta que la semilla germine y crezca. Hay que esperar nueve meses para que un bebé nazca; igualmente, una palabra puede permanecer en nosotros largo tiempo, tal vez años, antes de cumplirse.

Tengamos esta paciencia de esperar que el Verbo se haga carne en nosotros.

No podemos transmitir del Verbo de Dios lo que no hemos permitido que se encarne en nosotros. No podemos transmitir a los demás lo que no hemos recibido de Dios, lo que no le autorizamos a hacer en nosotros. Por eso nuestros sufrimientos no son jamás inútiles y ninguno de nuestros combates es vano. Cada vez que nos dejamos moldear por Dios, que nos dejamos transformar, no es simplemente por nosotros, es para comunicarlo después a los demás. No podemos dar lo que no hemos recibido. "La joven más hermosa, no puede dar lo que no tiene", dice un proverbio popular; espiritualmente, es cierto.

Todo lo que vivimos, lo hacemos para la Iglesia, por el crecimiento del Reino de Dios, para que la paz y el amor se difundan en toda la humanidad.

La visitación

Después de la Anunciación, María, que acaba de recibir esta noticia extraordinaria, no se queda en su casa para guardar celosamente su alegría. Enseguida piensa en servir, y va de prisa a la casa de su prima Isabel para ayudarla. La que acababa de decir: *"Soy la servidora del Señor"* muestra que es servidora de los hombres. En esto también es madre. Nosotras somos madres en el don de nosotras mismas, en el olvido de nosotras mismas. Sólo en el don de sí uno da a luz.

En la Visitación, está toda la dimensión de apertura al otro, contraria al replegamiento sobre sí mismo. Desde el momento en que recibimos es necesario dar, vaciarse para que Jesús pueda llenarnos de nuevo. Es dando como se recibe. Es el movimiento del amor: darse y recibir.

Al ocuparse de Isabel de manera desinteresada, María no pensaba que recibiría la confirmación más hermosa de lo que ella acababa de vivir en secreto con Dios. Pasa lo mismo con nosotros. A través del don de nosotros mismos, Dios se nos da, recibimos las respuestas a nuestras preguntas, somos enseñados, formados y transformados.

La exclamación de Isabel es también una maravillosa confirmación de que la respuesta de María en la Anunciación era la que Dios esperaba; es un estímulo para que creamos en el poder de la fe: *"Feliz de ti por haber creído que se cumpliría lo que te fue anunciado de parte del Señor"* (Lc 1, 45).

¿Qué hubiera pasado si María no hubiera creído y adherido inmediatamente a esta "locura" de Dios, si se hubiera quedado en lo que parecía razonable? *"Corazones lentos en creer"* (Lc 24, 25), eso somos nosotros. Por eso, damos vueltas durante cuarenta años en el desierto de nuestras vidas, sin llegar a la tierra prometida. No creemos en las promesas de Dios y por eso no vemos su cumplimiento. Los místicos que compartieron la agonía de Jesús dicen, unánimemente, que gran parte de sus sufrimientos residía en que los hombres no sabrían recibir las gracias que Él les compraba al precio de su sangre. Si conociéramos el don de Dios (cf. Jn 4, 10), si tuviéramos fe del tamaño de un grano de mostaza (cf. Mt 17, 20), conoceríamos la felicidad y nadie podría quitárnosla.

El nacimiento

El fruto de este misterio es la pobreza. Para que puedan recibir el regalo más extraordinario, Dios comienza por empobrecer a José y María, comienza por despojarlos. Todo estaba listo en Nazaret para recibir al niño. Uno se imagina con qué amor María habría preparado cada cosa, cosido las ropitas, pensado cada detalle con la ayuda de Ana, su madre. Y José, seguramente, habría preparado una cunita, arreglado todo en la casa para facilitar las cosas a la Virgen. Pero un decreto de César Augusto los obliga a abandonar todo y partir para Belén de Judá, es decir, a más de 100 km. Cuando a una mujer se le aproxima el momento de dar a luz, quiere calma, reposo, pero María tuvo que viajar sobre el lomo de un burro en el momento en que necesitaba más atención y delicadeza. Y al finalizar el viaje, sólo había lugar para ellos en un establo. Ella había pensado el nacimiento en un marco familiar, con la presencia de su madre, y está en medio de extraños. Volverán a Nazaret sólo varios años después porque tendrán que huir a Egipto para escapar de la cólera de Herodes.

Las gracias más grandes están precedidas de grandes desprendimientos. Para recibir al mismo Dios, hay que despojarse y ser pobre de todo, para que Él sea el único bien y el único tesoro. En nuestras vidas, el Señor nos despoja de muchas cosas superfluas, para que tengamos las manos libres para recibir lo esencial. Pero cuando quiere hacernos un gran regalo, Él nos despoja hasta de lo necesario y legítimo. Y Dios sabe hasta dónde los deseos de la mujer son legítimos, es normal que ella desee más atención, más ternura y libertad de acción. Y sin embargo a veces, le pide renunciar a esto que es legítimo, no para quebrarla, sino para hacerle un regalo más excelente, para dársele Él mismo y llenarla plenamente. No creo que María haya mirado para atrás cuando su niño nació, ni que haya deseado estar fuera de esa gruta de Belén.

Nos gusta prever todo, organizar todo para ser dueños de la situación y no ser tomados desprevenidos. Y a Dios le gusta desestabilizarnos para enseñarnos a abandonarnos, a poner nuestra seguridad sólo en Él. Él se "divierte" deshaciendo nuestros planes para hacernos comprender que Él es el dueño de nuestras vidas y que Él proveerá en todos los detalles.

La Presentación

En el misterio de la Presentación de Jesús en el Templo, es emocionante ver la actitud de humildad de José y de María que no se apartan de las exigencias de la Ley. María, la pura, es sometida a la ley de la purificación. La Madre de Dios viene a presentar el niño al Padre.

Es la madre quien da la paternidad, quien hace padre al padre, dándole un hijo. Algunas madres tienen tanto miedo de que el padre traumatice al niño o que no sepa tratarlo y lo lastime, que lo protegen de él. Así, privan al niño de una relación esencial para su equilibrio; aunque el padre fuera muy distinto de lo que podríamos esperar de un padre, la madre no podrá nunca comunicar a su hijo lo que es propio de la paternidad.

La mujer debe confiar el niño no sólo a la paternidad del hombre, como lo hizo María con José, sino también a la paternidad de Dios. Ella no debe olvidar jamás que el niño es ante todo un hijo de Dios y que debe consagrarlo siempre, poner en las manos del Padre su pasado, su presente y su futuro. Por la ofrenda de su niño a Dios, ella lo hace nacer a la vida eterna y se convierte en su madre espiritual. Esto supone ya un desprendimiento. Si todas las madres tuvieran conciencia de que sus hijos son hijos de Dios, se evitarían angustias y errores en la educación. La vida de los niños no nos pertenece, solamente nos ha sido confiada.

Es bueno introducirnos en la escuela de la Sagrada Familia, tratar de entrar en su intimidad para comprender desde adentro cómo vivían y reconocernos en todo lo humano que había en ellos. Como nosotros, María y José tenían que avanzar en la fe, y como nosotros tenían necesidad de ser confirmados, guiados, preparados interiormente para corresponder cada vez más al plan de Dios. Los sentimos pequeños en las manos de Dios, y esto es muy reconfortante para nosotros.

"Su padre y su madre estaban admirados por las cosas que se decían de él" (Lc 2, 33).

Pero al mismo tiempo que la alegría de ver confirmada la misión de Jesús, María recibe el anuncio de la espada que atravesará su corazón.

La alegría y el sufrimiento están unidos también en nuestras vidas, y no podemos disociarlas sin separarnos de algo esencial. Nuestros contemporáneos se han acostumbrado a la anestesia, y por ello han perdido el valor del dolor aceptado y ofrecido por amor. *"Simeón los bendijo y dijo a María, su madre: Este niño está destinado a ser caída y elevación de muchos en Israel, y a ser signo de contradicción, y a ti una espada te atravesará el corazón. Así quedarán de manifiesto los pensamientos de muchos"* (Lc 2, 34-35).

Es la primera vez que se habla explícitamente del sufrimiento de María; el misterio de la Presentación es el primer misterio doloroso. Lo que no quiere decir que ella no hubiera conocido antes el dolor. Cuanto más la conocemos, más vemos sus sufrimientos escondidos. Después de la Anunciación, debe haber sido muy doloroso ver a José sufrir y tener que callar. Después del nacimiento, la muerte de los inocentes la debe haber sometido a un terrible sufrimiento. Y hubo tantas otras situaciones de las que María no podía encontrar explicación, teniendo que refugiarse en los brazos del Padre, en un abandono total a su voluntad. Dios nos prepara para el sufrimiento a través del sufrimiento mismo y, cuando llega la hora de la prueba que tendría que derrumbarnos, quedamos de pie como María ante la Cruz.

Hay que superar los sufrimientos del cuerpo, que nos hacen volver sobre nosotros mismos, para comprender los del alma que nos unen a Dios, y que atravesaron el corazón de María haciéndola participar en la Redención con su hijo. Fue la misma espada la que atravesó el corazón de Jesús y el de María, uniéndolos en la Redención de la humanidad. El "sí" de María en la Anunciación la condujo al más alto grado de sufrimiento y de amor al pie de la cruz. Hay una relación íntima entre el "sí" al sufrimiento y la salvación de las almas. Gracias a que María aceptó ser traspasada en su corazón, los pensamientos de muchos fueron revelados. Y cada vez que unimos nuestros corazones heridos al suyo, participamos en ese "dar a luz" a otras almas, trabajamos para su iluminación y nuestro sufrimiento se convierte en felicidad.

Jesús perdido y hallado en el Templo

Este misterio es muy rico en enseñanzas.

"Sus padres iban cada año a Jerusalén para la fiesta de la Pascua. Cuando Jesús tenía doce años, fueron como de costumbre. Una vez acabada la fiesta, María y José regresaron, pero el niño se quedó en Jerusalén sin que ellos lo supieran. Creyéndolo en la caravana, marcharon durante un día y después comenzaron a buscarlo entre los parientes y conocidos. Como no lo encontraron, volvieron. Después de tres días de

búsqueda, lo encontraron en el Templo, sentado en medio de los doctores de la Ley, escuchándolos y haciéndoles preguntas; y todos los que lo escuchaban estaban admirados de su inteligencia y sus respuestas. Cuando lo vieron, se llenaron de alegría y su madre le dijo: 'Hijo, ¿por qué nos hiciste esto? ¡Tu padre y yo te buscábamos angustiados!', y Él le respondió: '¿Por qué me buscaban? ¿No sabían que yo tenía que ocuparme de las cosas de mi Padre?' Pero ellos no comprendieron lo que les quería decir. Jesús fue con ellos a Nazaret, y les estaba sometido en todo. Su madre guardaba todas estas cosas en su corazón. Jesús crecía en sabiduría, en estatura y gracia delante de Dios y de los hombres" (Lc 2, 41-52).

Hemos visto la sumisión de Jesús a sus padres pero, si nos ponemos del lado de María y José, es muy edificante ver cómo ellos vivieron esta pérdida y hallazgo en el Templo. No es difícil identificarse como padres en la búsqueda angustiada de un hijo perdido y en la pregunta que María hace a Jesús: *"¿Por qué nos hiciste esto? ¡Tu padre y yo te buscábamos angustiados!"* Cuántas veces habremos preguntado a Dios: "¿Por qué permites esto?", y le habremos contado nuestra angustia esperando que una palabra suya aquietara nuestro corazón. Pero la respuesta de Jesús no es la esperada, como buen judío, responde a la pregunta con otra pregunta, para ayudarlos a ir más lejos en el abandono y la confianza. Dios no siempre busca darnos seguridad contestando todas nuestras preguntas, sino que trata de darnos la paz que nace de la confianza y que sobrepasa toda inteligencia, y que se encuentra más allá de todo intento de comprensión intelectual de los misterios de Dios siempre. Llega la hora de la revelación, cuando nos hace comprender claramente el sentido profundo de los acontecimientos y ver lo que ha hecho por o en nosotros a través de tal o cual situación.

"¿Por qué me buscaban? ¿No sabían que tenía que ocuparme de las cosas de mi Padre?"

Jesús desdramatiza inmediatamente la situación y los hace salir de ellos mismos para elevarlos y hacerlos entrar en el plan de Dios.

¡Qué lección de desprendimiento nos da la Sagrada Familia! No sólo en las relaciones familiares, sino en toda relación. Los que amamos no son nuestra propiedad y, si Dios nos los dio para hacernos crecer, y para ayudarlos a crecer, llega el momento en que tenemos que devolvérselos. José y María reencontraron a Jesús, pero en un desprendimiento total y no en una posesión egoísta. Lo reencontraron en Dios, confiando, aceptando no comprender lo que les pasaba. ¡Como se embellecen en su adhesión a la voluntad de Dios, al misterio que los supera infinitamente, cada uno solo ante Dios, al mismo tiempo que profundamente unido al otro en el mismo deseo de corresponder al amor de Dios!

Cuando parece que Dios nos quita algo, es para darnos algo mejor y, cuando Él se retira, es para dársenos mejor.

Es reconfortante ver que hasta María y José fueron sobrepasados, que no comprendieron lo que Jesús les decía. No entendieron pero no preguntaron más. Se llamaron a silencio, indicándonos el camino del abandono y la confianza, cada vez que somos superados por los acontecimientos y no entendemos lo que nos pasa.

"María guardaba fielmente todas estas cosas en su corazón." Nosotros las guardamos generalmente en nuestra mente, y repasamos permanentemente los acontecimientos tratando de volverlos coherentes, para escapar al sufrimiento y evitar la cruz. Queremos comprender todo y no podemos abandonarnos totalmente; no llegamos a decir el "sí" incondicional que permitiría al Verbo encarnarse en nosotros. Cedemos a la tentación de abrirnos y comunicamos inquietud.

María está allí para enseñarnos. ¡Qué hermosa es en su silencio, que no es ceguera sino aceptación confiada de la realidad! Éste es el secreto de su pureza. No hay división entre su mente y su corazón porque ella es todo corazón. Y ella nos atrae a nivel del corazón, porque el corazón es el tabernáculo del Dios vivo, el lugar de su presencia, para que pongamos la vida entre sus manos y que Él opere ese maravilloso intercambio de nuestra humanidad en su divinidad.

Hay, sin duda, una relación íntima entre esta actitud de María y el hecho de que *"Jesús crecía en sabiduría, en estatura y gracia delante de Dios y de los hombres".*

Por su entrega, ella da a luz a Jesús, cada día, de corazón a corazón. Por su "sí" repetido a cada instante, en todos los sufrimientos y en todas las contradicciones, ella deja que Dios la fecunde para una maternidad mística. Esta fecundidad escondida pero muy real del silencio, que vivió como una ofrenda y no como una renuncia, se nos da también a nosotros.

LA GRACIA
DE LA MUJER

I. Los frutos del espíritu

"La gracia de la mujer encanta a su marido, y sus talentos le dan bienestar. Una mujer que sabe callarse es un gran don del Señor. Nada vale más que una mujer preparada para su trabajo. Una mujer discreta es un don maravilloso. Un alma que se controla es un tesoro sin precio" (Eclo 26, 13-15).

La mujer que es esposa del Espíritu a imagen de María manifiesta mejor sus frutos: *"amor, alegría, paz, paciencia, bondad, amabilidad, fe, humildad y dominio de sí"* (Ga 5, 22-23). Tantas virtudes y fuerzas escondidas que son propias del misterio femenino y nos hacen comprender la importancia de la mujer, no como sostén visible sino invisible de la historia.

El silencio

"El silencio concentrado en Dios es más poderoso que los gritos", decía santa Teresa de Ávila. Es una visión más positiva que el famoso "Sé bella y cállate" que se dice popularmente a las mujeres para hacerles comprender que es mejor callarse. Comúnmente, se observa que las mujeres son más habladoras que los varones, tienen más necesidad de confidencias, tienen tendencia a perderse en los detalles, o dificultad para guardar secretos...

"Diez medidas de palabras descendieron a la Tierra. Las mujeres tomaron nueve y el varón una sola", dice el *Talmud* (*kiddoushin* 49 B).

En nuestra comunidad, los hermanos miran sorprendidos a las hermanas, preguntándose cómo hacen ellas para hablar tanto tiempo, y qué es lo que les queda todavía por contarse.

El silencio no es una ausencia, un vacío que tenemos que

apurarnos a llenar, o una dimisión frente a los acontecimientos. Esta visión negativa viene del hecho de que hay que hacerse violencia para que se acallen en nosotros todos esos pensamientos que nos agitan, todos esos juicios que nos ocupan y no dejan lugar a Dios.

El silencio es plenitud de la presencia de Dios, es una actitud del corazón que permite escuchar a Dios y a los otros.

"Escucha, hija, mira y escucha, olvida tu pueblo y la casa paterna, entonces el rey se alegrará de tu belleza" (Sal 44, 11-12).

La palabra que brota de nuestra superficialidad, sin haberla pensado ni madurado, logra generalmente lo contrario de lo que esperamos y destruye en lugar de construir.

El Evangelio nos invita al ayuno, porque la privación hace sentir el hambre de Dios. Pero estamos llamados a un ayuno más importante: el de la palabra. Que no pase un día en que perdamos la ocasión de callarnos y quedarnos en el silencio fecundo que deja a Dios la iniciativa.

Sólo la palabra que está alimentada de silencio y ha sido purificada por él puede dar fruto y construir el Reino. Quien hace la experiencia, como Verónica, es renovada interiormente:

Siempre creí ser muy comunicativa: facilidad de contactos, de expresión, de palabras, buen vocabulario, imaginación, amabilidad, etc. Pero ¡incapaz de escuchar!

Descubrí poco a poco que la verdadera comunicación —donde hay comunión— se engendra en el silencio, como la acción enraíza en la contemplación. Un día me di cuenta de que si planchaba sin ruidos, ni radio, ni casetes, ni música, me venían al espíritu "buenas ideas", ideas justas... Así, para la siguiente Cuaresma, decidí crearme frecuentes "remansos de silencio". Por ejemplo: nada de informativos por TV, nada de largas charlas por teléfono, nada de TV los fines de semana. No era fácil pero traté, y esto me daba una alegría especial, profunda que me tranquilizaba.

Poco a poco le tomaba gusto al silencio; aprendí a encontrar en él a Jesús, su amor y su llamado... Y me cuestioné sobre nuestras uniones sexuales: las más "logradas", las más placenteras, las más constructivas para nuestra pareja eran aquellas en las que yo, la esposa, pude callarme, y hacer callar mis preocupaciones personales, para permitir a mi marido expresarme su deseo y su amor, a su manera masculina, más gestual y no tanto verbal; entonces, hasta las palabras que se dicen tienen otra dimensión. La ultima Cuaresma decidimos, sin decírnoslo, no reaccionar cuando el otro dijera una palabra hiriente. Ocho veces sobre diez, mi temperamento pudo más que yo. Las otras, cuando pude controlarme, constaté que ese silencio daba a mi corazón el tiempo de convertirse: vi entonces como se desarrollaba y manifestaba en mí un impulso de paciencia, amabilidad y misericordia...

¿No se puede celebrar el amor en el recogimiento?

El corazón de la mujer, difusor de paz

Es lo mismo para la paz que para el silencio.

"Encuentra la paz y miles en torno a ti se convertirán" decía san Serafín de Sarov. Parece exagerado, pero es la más eficaz de las actividades.

Nos escandalizamos de la guerra y rezamos por la paz, pero no la tenemos afianzada en nuestro corazón; sin embargo, Dios nos la da aun en medio de las tribulaciones, sufrimientos y contradicciones. Quisiéramos que las naciones trabajasen por la paz, pero no estamos dispuestos a comprometernos en el combate interior contra todo aquello que puede perjudicar la paz, en primer lugar en nuestras relaciones con los más próximos.

Esperamos actos valientes de parte de los que nos gobiernan, pero no estamos preparados para perder nuestra seguridad a fin de encontrar la paz verdadera.

Rezamos por la paz y aceptamos sin dificultad todas las fuentes de discordia: pensamientos negativos, críticas, calumnias, juicios, sospechas, etc.

Sabemos que la paz se obtiene al precio de ciertos silencios, a veces heroicos, pero somos incapaces de guardar un secreto.

El combate por la paz es un combate incesante, hasta que Dios nos haya pacificado.

El que quiere ser un artífice de la paz, debe prepararse para la guerra contra él mismo, contra sus tendencias negativas que producen frutos de muerte y destrucción. Que comience por *poner una guardia a su boca* (cf. Sal 140, 39) para guardar silencio, y establecerse en la presencia de Aquel que es la paz.

Sólo a través de corazones pacíficos, el Señor podrá establecer la paz en nuestras familias primero y después en todo el mundo. Como una piedra tirada en el mar ondea la superficie por unos segundos hasta que vuelve a ser lisa, así debemos dejar morir las flechas del enemigo, sin inquietarnos.

El corazón en paz no deja agrandarse ni expandirse el mal. Es como una esponja que absorbe la amargura del pecado y rompe la cadena del odio. Estos corazones se convierten en difusores de paz, como los perfumes que se esparcen sutilmente por toda la casa.

De la misma manera, la irradiación del corazón de la mujer transforma los seres y las situaciones por su sola presencia, no por lo que hace, sino por la intensidad de su ser. Marta Robin decía: "Que haya en cada hogar una sola alma llena de Dios, ella llenará la casa."

El autocontrol

Nace del silencio y de la paz que nos permiten no reaccionar desconsideradamente a los estímulos exteriores.

El aprender a controlarse, a esperar el momento justo para explicar o decir lo que uno tiene en el corazón, no es perder la personalidad.

Muchas mujeres arruinan todo por no saber callarse, no pueden dejar de decir todo enseguida, mientras que si supieran esperar el momento favorable, serían mucho más escuchadas.

Una joven me confiaba:

¡Es más fuerte que yo!, no puedo dejar de decir lo que pienso, me sale antes de medir mis palabras, y siempre hago mal. Lo peor es que no alcanzo a controlarme delante de los niños. En el momento en que mi marido abre la boca, tengo ganas de contradecirlo, y todo se convierte en una discusión sin fin que me agota y nos hace infelices a todos.

Y otra me decía:

Hacía apenas unos años que estábamos casados y me sentía completamente enfrentada a mi marido, sufría mucho porque me parecía egoísta. Pero lo amaba muchísimo y estaba sorprendida de algunas reflexiones que se me escapaban sin querer, y que traducían toda la amargura de mi corazón.

Un día no me acuerdo por qué, discutimos; me dominaba la ira y el deseo de gritar.

En ese mismo momento, con la misma intensidad sentí que podía no enojarme, que tenía en mis manos la elección.

¿Cuánto tiempo duró este dilema? No lo sé, pero me quedé allí en silencio, en suspenso; por un lado esas ganas terribles de reaccionar con violencia y por otro lado esta fuerza, esta posibilidad de no hacerlo y de resistir a la tentación.

Entonces lentamente, con toda mi energía, dije interiormente: "No voy a enojarme."

En ese momento, tuve la impresión de que la serpiente entraba bajo tierra, como si mi cólera se desvaneciera. De nuevo, resurgió con fuerza poco después, pero un poco mas débil, y faltó poco para que tuviera la última palabra, pero yo me repetí: "No, no me voy a enojar" "no me voy a enojar"... A cada "no" la serpiente retrocedía, y yo tenía más fuerza interior para resistir la tentación, hasta que ella desapareció completamente. Entonces, me volví hacia mi marido, le sonreí, y retomamos la conversación naturalmente sin agresiones.

Esta experiencia fue decisiva en mi vida.

A partir de ese momento, si bien he sido tentada, tuve siempre la fuerza de no caer o de levantarme inmediatamente. El Señor me dio un arma para el combate. "Bendito sea Dios."

O también esta otra mujer:

Después de varios años de luchas agotadoras con mi marido, tratando de cambiarlo en su manera de pensar en algunos puntos, comprendí que era inútil retomar sin cesar aquellos puntos en que no estábamos de acuerdo. Aprendí a confiar en el Señor, poniendo en sus manos cada situación, creyendo que, aunque mi marido se equivocara, Dios transformaría la situación para servir a su gloria.

Muchas veces, me sorprendí por la eficacia de tal actitud. Esto cambió mi vida. Por mi lado me purificó de querer hacer siempre mi propia voluntad y de mi deseo de poder, haciéndome desear primero la voluntad de Dios; en lugar de provocar reacciones de defensa en mi marido, que se protegía encerrándose, lo vi poco a poco, abrirse y estar mucho más atento a lo que yo decía.

Siempre podemos elegir entre el bien y el mal, entre ser dulces y buenas o ser irritantes. Lo sabemos, pero encontramos un gusto enfermizo en conservar nuestras malas tendencias. Queremos cambiar el mundo en torno a nosotros, pero no queremos cambiar tal o cual de nuestros defectos. Cada palabra desconsiderada nos debilita, y hace más difícil el combate. Pero cada vez que guardamos heroicamente silencio, nos fortalecemos, y luchamos con más facilidad.

Algunas aprenden a dominarse por propia voluntad, otras por interés, algunas para conseguir su fin, y se convierten en personas frías como el hielo y peligrosas para el hombre.

La mujer virtuosa no es débil, sino llena de fuerza conquistada con dulzura y amor. Ella es reina porque domina sus propias pasiones.

La ternura

La palabra misma nos habla de la delicadeza y la dulzura del amor oblativo. La ternura es el amor que se expresa más allá de las palabras, a través de un gesto, de una caricia, de una mirada o de una presencia amante. Hace fundir lo que es duro, calienta el corazón frío, fortifica al que es débil y cura al herido. Se alimenta de silencio y de paz. Es una dulce presencia que hace venir a nuestros labios el himno al Espíritu Santo:

"... En el trabajo, reposo; en el calor, frescura; en las lágrimas, alegría... Cura lo que está herido, ablanda lo que es duro, calienta lo que está frío..."

Los siguientes testimonios son descripciones conmovedoras:

La mayor de nuestros tres niños, de 9 años, desde su infancia era tímida para expresar sus sentimientos, por momentos este pudor la bloqueaba. Por ejemplo cuando recibía un regalo, se escondía de alegría. Esto le traía problemas: tenía pocos amigos, no se animaba a acercarse a los demás, volvía siempre llorando de la escuela porque nadie jugaba con ella en los recreos.

Esto nos hacía mal, pero no sabíamos qué hacer, nos parecía que no teníamos que intervenir, ni hacer que le tuvieran lástima llamando a sus profesores o las mamás de sus compañeros. Hablamos muchas veces con mi esposo, y —por casualidad— comenzamos a escucharnos mejor, a tomarnos un tiempo cada día para nosotros dos, y sobre todo a manifestarnos ternura verbalmente o con gestos. Cuando estábamos juntos, en el diván o abrazados, los niños venían espontáneamente a abrazarnos o a treparse encima de nosotros. Esta tierna proximidad de corazones y de los cuerpos es la que les había dado la vida, y continuaba dándoselas.

Sin que nos diéramos cuenta, nuestra hija mayor sacaba de estos tiernos encuentros la fuerza para ir abriéndose, y un año después obtuvo el premio de sociabilidad de su clase. ¡Qué alegría para nosotros! Este cambio se confirmó con el tiempo y nuestra alegría permanece.

Nicole

Mi familia no podía ocuparse de mí; de repente, me encontré en un convento. A partir de ese momento, encontraba mucha alegría en que los demás se ocuparan de mí. Tenía tanta sed de amor que un golpecito en la espalda o una caricia en el cabello eran suficientes; mi corazón "revivía" un poco, como si sintiera: "Me tocan, por lo tanto existo"... Pequeños gestos sin importancia a los ojos , pero ricos al corazón de los pobres, y preciosos al corazón de Jesús, según la Palabra: *"En la medida en que lo hiciste al más pequeño de mis hermanos, a mí me lo hiciste"* (Mt 25, 40).

En esos primeros años, lo que más me tocó fue el gesto de una religiosa que me sacaba los piojos. Nunca sentí en ella el menor rechazo o disgusto; por el contrario, con paciencia, alegría y ternura, sus gestos me hicieron comprender esta palabra: *"Tú vales mucho a mis ojos, tú vales y yo te amo. Por eso, entrego hombres a cambio de ti, y pueblos enteros en rescate de tu vida. No temas, yo estoy contigo"* (Is 43, 4-5).

A los doce años, el Señor puso fin a mi soledad enviando una joven religiosa que respondía a mi necesidad de cariño "Cerrada como un Tabernáculo a doble llave", como dijo un día un sacerdote, yo casi no hablaba con la que en el fondo de mi corazón llamaba "mi pequeña mamá", pero ella había comprendido que su presencia llenaba mi corazón y me daba seguridad; por eso, permitía que todos los días, después de la clase, me sentara a sus pies mientras ella redactaba el plan de su curso de música. Me hizo descubrir la bella música y me abrió al mundo de los libros. Poco a poco, lentamente, me abrí como una flor al sol.

Michelle.

La castidad

La ternura es hermana de la castidad cuya fuerza y belleza debemos descubrir nuevamente. Es otra palabra que nos hace saltar porque no comprendemos su significado profundo que asimilamos a la frustración.

En el Jardín del Edén Adán y Eva estaban desnudos pero no tenían vergüenza. Vimos que estaban vestidos de luz y transparentes el uno al otro. La caída les hizo perder esta luz, les hizo tener vergüenza de su desnudez y esconderse.

La castidad restablece la pureza en las relaciones entre el varón y la mujer, no sólo en el matrimonio sino en todas las relaciones. Hace desaparecer la vergüenza y se viste de pudor, devuelve a la sexualidad el sentido que Dios le dio, porque es un don de Dios, bello y bueno, por eso el Demonio la ataca con tanta fuerza. Es el mono de Dios y lo imita caricaturizándolo.

La luz de Dios que habita en nuestros corazones nos devuelve la simplicidad, transforma nuestras relaciones, dando a nuestros gestos medida, pureza y nobleza.

La castidad no es una reducción ni una amputación del amor; por el contrario, el amor reducido a la sexualidad se empobrece, se achica y amputa. La castidad ubica a la sexualidad, la amplía y da lugar a la expresión de la ternura y la difusión de un amor totalmente desinteresado, que llena de alegría tanto al que lo da como al que lo recibe.

La mujer es por naturaleza seductora, tiene tendencia al amor captativo. Cuando renuncia a este amor mezquino, se hace casta, porque no espera nada para ella misma. Su presencia no es jamás anodina y por eso aporta claridad o confusión. Es suficiente que esté para que los hombres cambien de comportamiento, según ella despierte en ellos lo que tienen de mejor o de peor.

Muchas mujeres sufren por las groserías y vulgaridades en su lugar de trabajo. Es más fácil para una mujer restablecer la pureza con su sola presencia cuando está llena de la luz de Dios, de su amor. Si su corazón es puro, puede despertar la sed de pureza que hay en el corazón de todo hombre. San Pedro dice: *"Mujeres, no hace falta la belleza exterior... sino en el fondo de ustedes mismas un alma que no pierda jamás su dulzura y su calma"* (1 Pe 3, 4).

La belleza

La belleza forma parte de la gracia de la mujer. No hay una sola que no desee ser bella.

La mujer es bella, pero su belleza no viene de la regularidad de sus facciones, sino de la presencia de Dios en ella, de la luz interior que ilumina su rostro. Sólo Dios en nosotros es bello.

De la misma manera que lo verdadero es bello, lo que es bueno es bello. Una mujer buena es bella.

"Dios la hizo bella de mirar, graciosa, buena y bella, por los grandes bienes que están en ella, todos están listos para alabarla", cantaban los trovadores de la Edad Media.

Es sorprendente ver la belleza de los rostros para el *shabbat*,[9] cuando estamos alrededor de la mesa para dar gracias a Dios, para alegrarnos juntos de su presencia. Se dice que el sábado por la tarde se recibe un suplemento de alma, un suplemento de la presencia de Dios, y esto se ve en los rostros, que esa tarde son más hermosos. Los rostros menos agraciados son luminosos, como transfigurados.

El mundo tiene necesidad del testimonio de la belleza interior. La mujer se ve fea cuando se mira a sí misma.

Cuánta energía derrochada para hacerse bella o parecerlo, y qué desesperación con las primeras arrugas y el envejecimiento; pero es imposible evitar los ultrajes del tiempo. Al contrario nada la embellece más que la mirada de Dios puesta sobre ella. "Tú me miras y yo me vuelvo bella", dice un poema. La mujer que siente la mirada de amor de su marido, la que se sabe amada por Dios, brilla de belleza.

Los niños de Medjugorje preguntaron a la Virgen: "¿Cómo es que eres tan hermosa?", y ella respondió: "Soy bella porque amo."

¡Qué magnífica respuesta y qué reconfortante para aquellas que tienen complejos y miedo a envejecer!

---

[9] La Comunidad de las Bienaventuranzas ha recibido desde el comienzo el llamado a dar mucha importancia a la "iluminación de Israel" en su oración; por eso, en su liturgia celebran el *shabbat*.

II. La mujer en el corazón de la familia

Al servicio de la unidad

"Si un reino está dividido no puede subsistir, y si una familia está dividida no podrá mantenerse" (Mc 3, 24-25).

Las familias son edificaciones frágiles si están construidas sobre la arena de los placeres egoístas y del desarrollo individual. Cuando sobreviene la tempestad, no resisten y los destrozos son terribles, generalmente irreparables. La tempestad arrecia hoy. El "Divisor" pasó por la familia para separar lo que Dios ha unido, para hacer independientes al varón y la mujer, dándoles la ilusión de que podrán desarrollarse mejor sin el otro.

La libertad sexual y la supuesta liberación de la mujer han ocasionado heridas incurables y llenado los corazones de amargura. No se puede jugar impunemente con el cuerpo, el corazón o el alma propios, ni con el cuerpo, el corazón o el alma de los otros.

Las familias construidas sobre la roca de la presencia de Dios son edificaciones sólidas, bien enraizadas en el deseo de hacer su voluntad y en el don desinteresado a los otros. Cuando viene la tempestad, ellas resisten gracias a la confianza en las promesas de Dios y con la esperanza de su realización, en la certeza de que *"todas las cosas concurren al bien de los que Dios ama"*. Y cuando la tempestad pasa, el amor ha crecido.

"Si queremos sanar a la humanidad, tenemos que sanar primero a la familia; en la confusión de los problemas actuales, es lo único importante, todos los otros problemas, todas las otras miserias desaparecen ante la miseria de la familia" (cardenal Mindszenty).[10]

---

[10] *La mère miroir de Dieu*, Mame, 1953.

Sólo es posible sanar a la familia a través de la mujer, porque ella es la guardiana y protectora del hogar.

En el *Talmud*, ella es llamada "casa del hombre", porque el varón que estuvo en el seno materno encuentra siempre su refugio en su mujer.

Ella es el corazón de la familia y protege su unidad. En torno a ella, todo se ordena y unifica, se armoniza y desarrolla. Todo se organiza, porque ella teje los lazos entre todos, envía a los hijos hacia el padre y al padre hacia los hijos, escucha, consuela, alienta, perdona, reconcilia y da a cada uno su lugar. Ella esparce el bálsamo del amor y la ternura sobre todas las relaciones familiares. ¡Qué alegría sentirse comprendido y amado! Ella tiene la preocupación permanente de cada uno y no descansa mientras no estén todos satisfechos.

"Cada uno tiene su parte y todos tienen el todo", decía Víctor Hugo.

La mujer, luz de su hogar

Una pequeña lámpara en la iglesia alcanza para no tropezar. Las mujeres deben ser esta pequeña lámpara allí donde estén. Si brillan, algo cambia en torno a ellas. En el judaísmo, el único acto litúrgico realizado por la mujer es prender las lámparas el sábado para que el hombre pueda celebrar la liturgia familiar. Ella trae la luz cuando caen las tinieblas nocturnas. En el Templo, en el atrio que les reservaron las mujeres tenían la misión de mantener siempre encendida la luz. Siempre se espera de ellas que sean esas lámparas que iluminen la noche del mundo y que lo ayuden a retomar coraje.

"Como un amanecer sobre las montañas del Señor, así la belleza de la esposa perfecta es la luz del hogar" (Eclo 26, 16).

EL SACERDOCIO
DEL CORAZÓN

Cada mujer lleva en sí llamados a la vida; su maternidad le confiere una gracia única que la destina a una misión específica e irremplazable. La acción que el varón ejerce sobre el mundo de forma visible y exterior, la mujer la cumple en su interior, de una manera invisible, como el niño se forma en su seno.

La Creación fue puesta en las manos del varón; por eso, en el culto que él rinde a Dios, es él quien ofrece el sacrificio: *"El gran sacerdote es sacado de entre los hombres y encargado de intervenir en favor de los hombres en su relación con Dios: él debe ofrecer dones y sacrificios por los pecados"* (Hb 5, 1).

Podemos comprender que la mujer que tanto anhela hacer algo por Dios pueda sentirse frustrada. Pero ella aporta también su participación con la ofrenda que lleva en su interior: se ofrece ella misma, ofrece los dolores de su corazón. Su sufrimiento se convierte en la materia del sacrificio.

"El varón es sacerdote, pero a la mujer le ha sido dado ser víctima", dice Pedro de Craon en *El anuncio hecho a María* de Claudel, y Gertrudis von Lefort agrega: "El misterio de la maternidad religiosa se une, en este punto, al misterio sacerdotal de la transustanciación." Es decir que, por su sacrificio unido al de Cristo, por la ofrenda de todo su ser, se realiza un verdadero intercambio que hace presente a Dios y es, verdaderamente, una fuerza de transformación para el mundo. Por eso podemos decir que la mujer es sacerdotal por naturaleza.

La mujer puede ser diaconisa, puede ser pastor, algunas son rabinos, pero no pueden ser presbíteros católicos, porque el presbítero representa a Cristo y es llamado a actuar "in persona Christi", en la persona misma de Cristo, y a perpetuar en la Misa el sacrificio de Cristo ofreciéndolo a Dios en nombre de todo el pueblo.

Pero la mujer con toda la Iglesia se une a Cristo en este sacrificio. Con Él, la Iglesia es también sacerdote y víctima, ofreciéndose toda ella con Jesús... Todos los discípulos de Cristo, por el sacerdocio real, participan en la ofrenda de la eucaristía y ejercen su sacerdocio por la recepción de los sacramentos, la oración y la acción de gracias, el testimonio de una vida santa, y por su renunciamiento y su caridad efectivas (cf. *Lumen gentium*, 10).

Quien se deja santificar es palabra de Dios para los hombres, palabra que nos hace comprender sus misterios; Marta Robin amaba particularmente el sacerdocio de los laicos y había vivido en su cuerpo y en su alma este sacerdocio común de los fieles, al cual todos estamos llamados. Nos muestra esta realidad en un maravilloso texto:

"Toda existencia es un Calvario y cada alma un Getsemaní donde cada uno debe beber en silencio el cáliz de su propia vida. Toda vida cristiana es una Misa y toda alma en este mundo una Hostia. Escuchemos a san Agustín: '*No busquéis fuera de vosotros la hostia de la que tenéis necesidad, esta hostia la encontraréis dentro de vosotros mismos.*' San Pablo nos lo mostró diciendo '*os exhorto, haced de vuestros cuerpos una hostia viva, santa y agradable a Dios*' (Rm 12, 1). Vosotros lo escuchasteis, la hostia de vuestro sacrificio, de vuestra Misa, sois vosotros mismos, sois vosotros con todo lo que sois, todo lo que hacéis y todo lo que tenéis."

Y explica más adelante cómo ofrecer esta hostia:

"El sacerdote toma esta hostia en sus manos y la ofrece a Dios. Vosotros tenéis que hacer a Dios la ofrenda de vuestra hostia espiritual que sois vosotros mismos. Tomaos y ofreceos a Dios sin reservas con Jesús, la divina Víctima sacrificada sin cesar por la salvación de todos. Tomad vuestros cuerpos con todos sus sentidos, vuestra alma con todos sus pensamientos, vuestra voluntad con todos sus deseos, vuestro corazón con todos sus afectos; tomad vuestra vida entera, vuestra vida de cada día con todos sus trabajos, sufrimientos, penas, luchas, esfuerzos y buenas acciones, y decid a Dios: Señor, todo esto es para ti, te ofrezco todo en unión con mi Jesús, por el Corazón Inmaculado de mi Madre y con tu Sacerdote en el Santo Sacrificio del Altar. Esta ofrenda hacedla totalmente, generosamente y alegremente."

Si todos los bautizados, llamados a ejercer su sacerdocio real y santo, participan según su modo propio, en el único sacerdocio de Cristo, esto es aún más verdadero para la mujer que es, como ya lo vimos, "sacerdotal" por naturaleza. Lo es en todo lo que Dios ha inscripto en ella, está naturalmente dispuesta al "sacerdocio del corazón" porque el espíritu de sacrificio, tan natural en ella, es parte integrante del espíritu sacerdotal. Como no tiene conciencia de la grandeza de su vocación, la mujer moderna se pone al lado del hombre para acusar a Dios de ser el artífice de su desgracia, en lugar de ponerse al lado de Dios para salvar al hombre.

Pero volvamos al Génesis. Cuando Adán dice a Dios: *"Fue la mujer la que me hizo comer"* (3, 12), hace de ella el chivo emisario de la crisis que lo opone a Dios, al mismo tiempo que denuncia una complicidad entre la mujer y Dios. Podemos subrayar que Eva no se defendió, que no protestó cuando Adán le endosó toda la responsabilidad de su pecado compartido. Su reacción es sorprendente. Hubiéramos esperado que Adán defendiera a Eva, que se comportara como jefe, responsable de sus actos, o por lo menos que compartiera la responsabilidad del error. En lugar de esto, carga toda la responsabilidad sobre la mujer. Hace de ella la causa de su desgracia y reprocha a Dios el habérsela dado.

Hubiéramos esperado que Eva protestara contra el hombre, como hacen las mujeres cuando sospechan la más mínima injusticia. Pero ella no se defendió, ni contestó, aceptando que se había dejado seducir por la serpiente. En vez de acusar al hombre, diciendo: "Hubieras podido resistir, negarte y protegerme de mí misma para evitarnos la caída", ella reconoce delante de Dios su debilidad en una actitud de humildad, queda abierta a su acción y por esto se convierte en *"mediadora* entre los hombres y Dios", lo que explica la influencia espiritual que la mujer tiene sobre el varón. Al ser de naturaleza más receptiva a lo espiritual, ella entra más fácilmente en el camino de Dios, adoptándolo de una manera intuitiva mientras que el varón razona y entra en rebelión o indiferencia, separándose de Dios; ella no cierra nunca completamente la puerta.

Pero es necesario remarcar que se impone un discernimiento:

las mujeres tienen, generalmente, una manera de ser víctimas que se opone a la voluntad de Dios. Viven situaciones inaceptables y se resignan porque no tienen los medios para hacer otra cosa, o adoptan una actitud de mártires que culpabiliza a su entorno.

Si la mujer rechaza el papel de mediadora entre los hombres y Dios, si no acepta ofrecerse ella misma en sacrificio, renunciando a tomar las armas humanas para dejar que Dios la justifique, se encuentra en un callejón sin salida.

Las consecuencias de la caída son varias, y cada uno tiene que asumir la parte que le pertenece. Dios maldijo el suelo y la serpiente. En lo referente al suelo, el varón deberá combatir esta maldición día a día, para lograr su subsistencia. En cuanto a la serpiente, que representa el mundo espiritual fracasado, la mujer tendrá que encargarse.

"Pondré enemistad entre ti y la mujer, entre su posteridad y la tuya. Ella te aplastará la cabeza y tú le morderás el talón" (Gn 3, 15).

Si el hombre debe luchar para sobrevivir, el combate de la mujer es espiritual y en él deberá comprometer toda su fuerza interior. Ella tiene el poder de aplastar la cabeza de la serpiente y hacer retroceder las tinieblas. La serpiente lo sabe, por eso está furiosa contra la mujer y despliega todas su fuerzas y trampas para engañarla y comprometerla en luchas estériles donde pierde su energía. En hebreo, la raíz de la palabra talón, *akav*, es la misma de Jacob, aquel que tomó a su hermano mellizo Esaú por el talón, significa retardar, impedir el avance, mantener atrás. Con el talón se aplasta la cabeza de la serpiente, pero la serpiente ataca a la mujer en aquello que es su fuerza, se dedica a desviarla de su vocación para volverla ineficaz, para impedir su avance y fijarla en una atadura estéril al pasado.

Como un árbol cuyas hojas se mecen al viento, así vibra la mujer con todo lo que la rodea. La menor cosa la impacta y la expone a múltiples sufrimientos y también a múltiples alegrías; su gran fineza la hace un ser más delicado, más sensible y también más vulnerable. Se siente fácilmente víctima y tiene tendencia a dramatizar. Débil, pero paradójicamente mucho más resistente que el varón, porque es mayor su capacidad de asumir el sufrimiento. En esto es más apta para el sacrificio. ¿No fue Dios quien puso en ella esta disposición para que pueda asociarse al único sacrificio del cual el varón es sacerdote?

Contemplando a María, verdadero icono de Mujer, tal como Dios la quiso desde toda la eternidad, vemos toda la profundidad, grandeza y belleza de nuestra vocación. Por el don de su Hijo en la Cruz, el Padre ha salvado a la humanidad, y aceptando el don de su Hijo en la Cruz, María la Madre, María la Mujer, participó en la salvación de la humanidad.

En la cruz se consuma el sacrificio del nuevo Adán, que se convierte en el sumo Sacerdote de la Nueva Alianza, y de pie, al pie de la Cruz, en una actitud sacerdotal, María, la nueva Eva, participa de una manera mística en el único sacrificio. Ella une su corazón dolorido al corazón de Dios en una ofrenda total, y por su alma traspasada, cumpliendo así la promesa de Simeón, participa en la Redención y llama a la reconciliación.

Hubiera sido muy humano y legítimo que María se rebelase contra los verdugos de su Hijo, que guardara cierta amargura contra sus amigos que lo abandonaron en el momento en que su presencia hubiera sido un consuelo para Jesús.

Ella no se rebela, ofrece su dolor, que es todo lo contrario a la actitud de venganza que endurece el corazón y reclama sangre por sangre. Rebelarse es la reacción más espontánea, que viene antes de que tengamos tiempo de reflexionar. El sufrimiento es un escándalo, una piedra de tropiezo para todo nuestro ser, ante la cual reaccionamos con toda violencia para tratar de escapar. La otra reacción es la oblación que hace inocente al culpable. La culpabilidad fundida en la oblación pacífica se disuelve en ella. Al pie de la cruz, María se convierte en Madre de la misericordia, es decir, mediadora de la misericordia divina para la humanidad.

¡Qué bella es en su silencio, que es todo amor y pura ofrenda! No tiene un solo pensamiento negativo. A imagen de su Hijo, invoca la clemencia del Padre para con aquellos que, sobrepasados por sus actos, no saben lo que hacen (cf. Lc 23, 34). Su perdón los absuelve y les abre el corazón de Dios Padre. Ella ofrece el sacrificio de su Hijo y el propio, y recoge todos los sufrimientos para ofrecerlos al poder transformador de Dios.

El cumplimiento de la vocación de la mujer se realiza en el grado más alto del amor, que es la ofrenda de todo su ser hasta dar la vida. Este sacrificio es un verdadero sacerdocio, el sacerdocio del corazón.

El hombre compromete su cuerpo en la lucha, y a veces debe verter su sangre para salvar a los suyos. Su acción es visible y despierta la admiración. La mujer participa con la misma intensidad, pero de una manera escondida; no se habla de ella y sin embargo, está en el centro de las acciones de todos los hombres.

Por la ofrenda de su corazón hasta el desgarro, hasta ser traspasada, ella se convierte en la "mujer sacerdotal", aquella que ofrece tanto los sufrimientos de su corazón, como también todos los sufrimientos del mundo, de los olvidados, los pequeños, los desamparados y los mal amados. En esta ofrenda, ella descubre y transmite la alegría.

Se compadece, sufre con los que sufren y preferiría poder tomar su lugar. Descubre rápidamente a los tristes e infelices. Antes de que el varón piense en ayudar a los que están en dificultades, ella ya los ayudó. Atenta a las necesidades de cada uno, desea la felicidad de todos y encuentra su alegría haciendo felices a los demás.

La mujer es sensible particularmente a la división entre los hombres, hoy tan frecuente. Abierta al intercambio y al compartir, es dada al hombre para entrar en una relación de amor con él. Tiene una gran necesidad de expresarse, comunicarse y confiar pero, después de la caída, sufre dificultades en la comunicación. Gracias a ella, por su gran deseo y por el sacrificio de su corazón, la armonía de las relaciones puede restablecerse. Puede romper las cadenas del mal disipando los malentendidos, no resignándose a la desunión y haciendo todo lo posible para restablecer la unidad. Ella paga con su persona, llegando a aceptar la injusticia para salvar a los que ama, como Eva cuando no se defendió ante la acusación de Adán. El don de su vida para dar vida asocia en ella el dolor y la alegría. Por la maternidad, ejerce el sacerdocio del corazón, profundamente unido al don de la vida; Eva fue llamada "la viviente" por Adán; es la madre de la vida, madre de los vivientes.

La maternidad de la mujer la pone en relación directa con el misterio central de la historia de la salvación, que es el misterio de la Encarnación. El Verbo se hizo carne en la carne de una mujer. Dios quiso necesitar el cuerpo de una mujer para encarnarse, y se encarna de nuevo en cada nacimiento, cuando viene a habitar el corazón del niño.

La mujer le entrega hijos e hijas, prepara el corazón de los sacerdotes, da a luz un pueblo de sacerdotes, de profetas y de reyes, y contribuye así a dar a luz a la Iglesia. Podemos sondear por qué la connivencia entre Dios y la mujer, y su misión esencial en la historia de la salvación: Dios hizo de ella su aliada para la felicidad del hombre y, por la aceptación de la gracia, ella derrama la gracia y transmite la bendición.

La mujer sufre todavía a causa de su debilidad y su vulnerabilidad. Mientras que el hombre domina la Creación y tiene el poder de actuar, de transformar las cosas y las situaciones, generalmente la mujer se encuentra confrontada dolorosamente a su debilidad, a su incapacidad de cambiar la realidad. Es necesario que comprenda que por ella esta fuerza transformadora se despliega en la aceptación del sufrimiento. La materia del sacrificio se transforma en vida, haciendo presente a Jesús en medio de toda situación. Dar gracias aun en medio de las pruebas más terribles es poner la gracia en acción y hacer presente a Dios; es lo que nos da la fuerza de vivir lo que nos toca. ¿No es la Eucaristía una acción de gracias al mismo tiempo que un sacrificio?

Aceptando ser atravesada en su alma y en su corazón, la mujer juega un papel revelador frente al hombre, cuando deja de acusarlo y no quiere cambiarlo. Así, *"el pensamiento de muchos será develado".* El corazón puro es como un espejo en el que uno puede verse a la luz sin sentirse condenado, mientras que la acusación obliga al otro a justificarse y vuelve imposible todo perdón. La tentación de la mujer es acusar al hombre y rechazar el sufrimiento propio de la maternidad.

¿Una madre puede acusar a su hijo? Ahora bien, el hombre le es dado como hijo, después como esposo, y ella debe tener siempre hacia él la indulgencia de una madre para llevarlo al don cada día más total y desinteresado de sí mismo, y a su vez dejarse vivificar por su paternidad.

En el principio, la mujer cedió ante la serpiente y suscitó la desconfianza del hombre, introduciendo la división. Por su participación específica en el sacrificio, ella tiene el poder de restablecer la confianza y curar las heridas de la división. Ella tiene ahora las llaves de la reconciliación.

"Hombre y mujer los creó."

Esta obra maestra de la Creación volverá a ser realidad si la mujer comprende que tiene necesidad del varón, que no puede prescindir de él y que para reencontrar su identidad debe volverse hacia él. Entonces ella le ofrecerá toda la riqueza de su corazón amante y podrá recibir todo aquello que él tiene para darle.

Así alcanzarán juntos la plenitud y la felicidad a que Dios los llama.

Índice

Se terminó de imprimir en el mes de marzo de 2004
en el Establecimiento Gráfico **LIBRIS S. R. L.**
MENDOZA 1523 • (B1824FJI) LANÚS OESTE
BUENOS AIRES • REPÚBLICA ARGENTINA